機長の「集中術」

日本航空機長
小林宏之

阪急コミュニケーションズ

私の「集中力」失敗例

人間の能力に、それほど差はありません。しかし、結果には大きな差がつくことがあります。

その要因のひとつが、集中力の差です。

私は今まで、多くの人を見てきました。同じ土俵に上がった者同士、同じ会社に入社した者同士、当初は、能力の差というものはほとんどありません。それなのに、時間とともに、大きな差が出てきてしまいます。

集中力のある人とそうでない人とでは、同じ仕事をやっても、集中力の発揮の仕方の差によって、その結果に大きな差がついてしまいます。

人それぞれ、誰もがもっている素晴らしい能力の使い方や、集中力の差が、結果として大きな差となって現れてくるのです。

したがって、目的を実現するためや、目標を達成して、仕事でも人生でも良い成果を得るためには、自分のもっている能力を最大限に活かすような、集中力を身につけていけばいいのです。

こんなふうに偉そうなことを言う私自身も、思うように集中できず、あるいは真剣に集中しようとしなかったために、多くの失敗や回り道をしてきました。

そこで、まず私自身の経験のなかから、集中力不足による失敗例をあげてみたいと思います。みなさんにも心当たりのある失敗例があるのではないでしょうか。

◉不満足に終わった定期訓練と審査

機長には、年に3回の訓練と2回の厳しい審査があります。訓練や審査の前には当然、勉強をします。その勉強中に、ついラジオを聴いたり、携帯電話やパソコンでメールのチェックをしたりして、何度も集中力が途切れてしまったことがあります。その結果、計画していた勉強の質、量ともに足りないまま、訓練と審査を受けることになりました。

もちろん訓練も無事終了し、審査にも合格はしたものの（不合格となった場合は、機長として飛べなくなります）、自分が目標とした内容にはほど遠い、不満足なものになってしまいました。

◉風邪を引いたままシミュレーター訓練

入社以来42年間、フライトも地上業務も休んだことはなかったのですが、ある日たまたま、シミュレーター訓練の前に、風邪を引いてしまいました。そのまま訓練を受けたのですが、当然、集中力だけでなく注意力も低下しており、このときも出来の悪い訓練結果となってしまいました。

◉母の死の翌日に講演

5年前、ある講演の前日に母が亡くなりました。しかし、対外的な仕事だったためにキャンセルはせず、通夜は弟に任せて講演を行ないました。

肉親の死という、大きなストレスを抱えての講演です。自分では集中しているつもりでしたが、心の底では、しばしば母のことが思い浮かび、今思い返してみると、講演もどこか浮わついたものになってしまったように思います。

◉周囲の話し声が気になる

会社のデスクで仕事をしているとき、周囲の話し声のなかから、自分に関係のあることや興味のあることなどが少しでも聞こえてくると、ついそっちに意識がいってしまいます。

そして、目の前の仕事の内容など、うわの空になることは、度々です。

◉達成できない年間目標

毎年、正月には「今年の目標」を立てることにしています。

しかし、年間目標というものは、まだまだ十分に時間があるという意識が続くため、結局、年末になっても目標を達成できずに終わってしまったことが、何度もあります。

◉その場しのぎの身体検査

パイロットは、厳しい航空身体検査を半年毎に受けます。それに合格しないと、飛行機には乗務できません。そのため、航空身体検査の1か月ほど前からカロリーコントロールや運動をして、体重や血圧、血糖値などを下げる努力を必死にやります。

しかし、身体検査に無事合格すると、次の検査は半年先だと気が緩んでしまい、体重も血圧などの数値も、すぐに元どおりになってしまいます。

◉寒さや乾燥に左右される

学生の頃、冬の寒い部屋のなかでいくら勉強を頑張ろうとしても、肩に力が入って集中できなかったということを経験しています。

また、乾燥しすぎると、喉を痛めて咳が出てしまい、それによって集中力を削いでしまうということもありました。

◉気分まかせの中期計画

1か月毎の中期計画を作成して、数種類の事案を1か月以内に完成させる計画をしていましたが、そのときの気分にまかせて、それぞれを少しずつ、つまみ食いするように作業を進めた結果、いちばん重要な案件を完成できなかったということがあります。

◉あの人に良く思われたい

本当は、これをやりたい、やるべきだと分かっていても、あの人に良く思われたいとか、格好良く見せたいという思いで、それほど必要でもないことに集中力を発揮してしまい、大事なことができなかった、という失敗をよくしたものです。

◉三日坊主

よしやるぞ、と意気込んで始めたことも、三日坊主になってしまうことは、私自身、今まで何度もあります。そして、その度に後悔しています。

このように、私自身も、集中力が足りずに失敗した例は枚挙に暇がありません。

しかしながら、パイロットという職業柄、厳しい訓練や審査が年に何回もあります。集中力のコントロールが、そのまま飛行の安全性にも結びついてくる、という厳しい職種でもあります。

入社してから数年というものは、集中力を発揮することがなかなかできず、不甲斐ないパイロットでした。それでも、63歳を超えても現役の機長としてフライトできたのは、明確な目標、目的意識をもって、自分をコントロールできるようになってきたことによるものだと思います。

「集中力とは何か」「集中力を発揮するためには、どうしたら良いか」ということを、自分なりに考え、工夫してきました。

この本では、そのようにして私が身につけた、自分をコントロールして集中力を発揮する方法を紹介していきます。そして、それは誰にでもできる当たり前のことばかりです。問題は、それをどれだけ徹底できるか、ということなのです。

その当たり前のことを、日常生活やビジネス、そして人生のなかでも応用することができれば、きっと良い成果を期待できるものと思います。

機長の「集中術」◉目次

Chapter 2 ― 集中力の種類……23

Chapter3――集中力を阻害するもの……32

●カバーデザイン――
ヤマダマコト（志岐デザイン事務所）
●本文デザイン・DTP――
萩原　睦（志岐デザイン事務所）
●校正――
円水社

機長の「集中術」

Chapter 1

集中力とは?

一口に集中力と言っても、いろいろな捉え方があります。集中力を発揮する際に、「集中力とは何か」ということをしっかりとイメージして取り組むのと、そうでないのとでは、その効果に大きな差が出てきます。

そこで、まず最初に、「集中力とはいったい何なのか」を把握してみましょう。「ああ、そうか。集中力とはそういうものか」とイメージできれば、あなたの集中力は格段に向上することでしょう。

◉能力の配分と集中させる力

集中力とは、「このような自分になりたい」「こういうことを実現したい」「この仕事を立派に仕上げたい」といった目的を実現するために、自分の能力を時、場所、状況に応じて適切に配分し、集中させる力を言います。

◉自己コントロール力（Self Control）

集中力は、目的を実現するために、自分の意識と行動を自分が望む事柄、望む状態に向けて、自分自身をコントロールする能力です。

つまり、集中力は、目的に向かってどれだけ自分をコントロール（Self Control）するかにかかっています。どれだけ集中できるかは、どれだけ自分をコントロールできるかに比例するのです。

この意味では、集中力はすなわち、自己コントロール力（Self Control）でもあります。

集中力を向上させようと思ったら、「集中力は自分をコントロールする力だ」と心に銘じておくことが大事です。

◉凝集力と持続力のバランス

集中力は、目的実現のために、自分の能力を必要な事柄に凝集する力と、それを持続させる力のバランスからなります。

集中力を発揮する場面には、瞬間的に、短時間で精神を研ぎ澄まして、一点に集中する場合と、ある程度の幅、余裕、リズムをもって集中力を持続させる場合とがあります。

この使い分けは、集中力を発揮すべき対象やその場、その時の状況に応じて、バランス感覚をもって対応することが大切です。

◉集中力はスキル（技術）

集中力というと、生まれながらの才能、天賦の才能、能力の差などと捉えられがちです。しかし、実際には、集中力は誰にでも備わっている機能であり、一種の技術（スキル）でもあります。

集中力がスキルである以上、テクニカルスキルと同様に、目的意識の強さ、教育、訓練、努力、工夫、習慣などによって、いくらでも、何歳になっても伸ばすことができるのです。

このことは、私の長年の経験から、確信をもって言えます。

集中力は生まれながらの天賦の才能ではなく、後天的なスキルです。これも、集中力を向上させるうえで、欠かすことのできない重要な認識です。

◉集中力は年齢とは関係ない

人は、年齢とともに集中力、根気がなくなると、よく言われています。それは、勝手に自分がそう思い、あきらめてしまって、努力や工夫を止めてしまっている結果に過ぎません。

実際に60歳を過ぎた私は、自分の若い頃に比べて、集中力も根気も向上していると感じています。

生まれながらの才能であったら、加齢とともに低下するはずですが、さまざまなことに目的意識をもって取り組んでいれば、集中力も根気も確実に高まっていくことを日々実感できるのです。

◉集中力は捨てる技術

集中力は、生まれながらの才能でも、特別な能力でもなく、スキルであると言いましたが、では、そのスキルとはいったい何でしょう。

それは、捨てる技術です。

目的を実現するためには、自分が好きなこと、やりたいこと、やるべきことに集中し、その時、その場で必要のないもの、今いちばん大切なもの以外のもの、今やろうとすること以外のことは、すべて捨ててしまう。その思い切りの良さに他なりません。

つまり、集中力とは捨てる技術（スキル）なのです。

「捨てる技術」は、集中力発揮のためのキーワードです。

◉集中力も習慣

「人間は習慣の動物」と言われているように、集中力も習慣です。必要に応じて集中できるように習慣化することによって、集中力を高めていくことができるのです。

とはいえ、最初から達人になれるわけではありません。意識して、集中することをあきらめないで、繰り返し繰り返し、コツコツと続けていくことです。

それが習慣化し、いつの間にか、必要なときに集中できるようになっていくのです。その結果、仕事の成果もあがり、自分の目的を実現できる確率も向上していくはずです。

はじめは、すぐに飽きてしまったりもします。注意力が散漫になってしまうこともあります。長続きしないことも多いでしょう。それでもいいのです。あきらめずに続けているうちに、必ずその効果が現れます。

100パーセント完全な人間などいません。さまざまなプロの世界で活躍するトップレベルの人たちも、みんな最初は全くの素人から始まっているのです。

集中力を発揮して、ビジネスの世界で良い成果をあげようとする場合も、当初はなかなか思うように集中力を発揮できないのが普通です。

自分が思っていた半分も集中できなくても、心配することはありません。誰でも初めはそうなのです。大切なのは、そこであきらめてしまわないことです。

コツコツと続けて習慣化することにより、集中力がついてくるのです。「集中力も習慣だ」と捉えて、あきらめないこと。集中することを意識して続けていれば、自分にも集中力がついてきたぞ、という手ごたえを実感するときが必ず訪れます。

◉集中力は能力のリソースマネジメント

人間にはさまざまな能力、機能があります。何かを実現させようとする場合、それぞれの能力や機能を、重要度に従って、何に、どの時点で、どのように配分して集中させるか、というマネジメントが必要になります。

集中力を発揮するにも、自分がもっている能力のリソース（資源）をマネジメントすることが、効率的な成果をあげるための鍵となります。

マネジメントという英語の語源は、ラテン語の「手」を表す言葉から派生しています。手を使っていろいろなことをする、という意味から、さらに、やりくりするという意味に派生してきているのです。

つまり、マネジメントは、限られたリソースを有効に使って、目的を実現するためにやりくりをする、ということです。

毎月の給料は、限られたお金です。その限られたお金を、自分の目的や必要に応じて、お金が活きるようにやりくりして使っていることと思います。

集中力も、自分のもっている能力をどのように活かすか、というやりくりをして目的を達成します。これは、お金の使い方と全く同じです。集中力を発揮する工夫をしないというのは、お金の無駄遣いをするのと同じように、もったいないことですね。

自分がもっている素晴らしい能力をうまくやりくりしながら、集中力を発揮して、活かしてあげましょう。

集中力の種類

集中力には、自分の意識と行動を、目的と定めたものに集中させる一点集中（深さ）と、広く気配りをしながら全体を把握して、その流れや変化を読みとる集中力（幅）があります。

また、瞬間的に短時間で集中させる力と、集中力を持続させるという時間軸での捉え方があります。

さらに、物事の本質・重要度を見極める集中力があります。これは、集中力の芯になります。

このように、集中力には4つの柱があります。集中力をこの4本柱で捉えることにより、集中力を効果的に発揮し、仕事の成果や人生において、よりよい成果が期待できるようになります。

集中力を4本柱で把握するには、4つの眼を必要に応じてバランスよく使うことが大切となってきます。

この4つの眼とは、足元の小さなことをよく見る「虫の眼」、全体を俯瞰する「鳥の眼」、流れを読み取る「魚の眼」、本質や重要度を見極める「心眼」です。

動物の眼は、人間の何倍から何十倍の機能をもっています。それに比べて、人間の眼の機能そのものは、たいしたものではありません。

しかし、人間のスゴイところは、必要に応じて4つの眼を使い分けて、偉大な成果を生み出すことができるということです。

人間だけにできる、この4つの眼を自在に使って、集中力を発揮し、素晴らしい人生を味わいましょう。

◉一点に瞬間的に集中する（集中力の深さ）

一点集中、瞬間集中は、集中力の基本とも言えるものです。

今、目の前にあるものに集中する。集中するものに焦点を合わせ、瞬間的に意識を集中する。それ以外のことは、一切排除して目の前のことと一体化する。

これは、虫たちが、虫眼鏡で見なければ見えないような小さなことに、全身を使って集中している姿と同じです。

したがって、一点集中、瞬間集中には「虫の眼」を使います。

虫たちのように、全身全霊を使って一点に集中し、その度合いを深めていきます。これは、勝負どころで、精神を研ぎ澄まし、どれだけ強く深く集中できるか、という集中力の深さです。

大相撲の力士の立合いの瞬間、野球のピッチャーが投げる瞬間とバッターが打つ瞬間、パイロットが着陸に向かって集中力を収斂させていく瞬間などは、一点集中、瞬間集中の代表的なものです。

ビジネスの世界でも、契約を成立させるときや、取引相手に対するプレゼンテーションなど、純度の高い集中力を必要とされる〝勝負どころ〟は、いくらでもあるのではないでしょうか。

一点集中、瞬間集中のコツは、「これに集中するぞ！」と決めてしまうことです。「集中するのだ！」と自分に言い聞かせるのです。そして、「自分をコントロールするのだ！」と決意して、自分をその方向に向かってコントロールします。

そうは言っても、当初は、純度の高い集中力を発揮することはなかなか難しいでしょう。それでもいいのです。集中度の深さを意識しながら、何度も繰り返し経験していくうちに、段々と、勝負どころで瞬間的に集中できるようになっていきます。

人間は、意識も脳も、身体の筋肉と同様に、使えば使うほど鍛えられていくのです。最初から、うまくいく人などいません。使って、使って、鍛えていくしかありません。

◉全体に気配りをしながら大局を把握する（集中力の幅）

一点集中、瞬間集中のコツがつかめるようになってきたら、今度は、全体を大局的に把握する、幅のある集中力に挑戦してみましょう。

この場合は、「幅」ということを意識しながら、全体の動きや大局はどうなっているのか、全体の流れはどうか、ということに意識を集中させて、目や耳はもちろん、五感の全部を働かせます。

これには「鳥の眼」を使います。鳥が大空から地上を見下ろしているように、自分も鳥になったつもりで、幅を意識して全体を見ます。

これは、チーム・スポーツの司令塔のように、全体に隈なく注意力を配分して、大きな動きや全体の流れを見逃さない、といった幅のある集中力です。その代表的なお手本が、サッカーの中田英寿選手が試合中に見せてくれた、幅のある集中力です。

一流ホテルの接客係は、お客の様子をそれとなく窺っていて、お客が少しでも困った様子や不慣れな様子をしていると、そばに寄ってきて「何かお手伝いできることはございませんか」と声を掛けてきます。これも、幅のある集中力、鳥の眼の神経を働かせることによって、初めてできることなのです。

幅のある集中力も、「幅」ということを意識しながら、自分をコントロールすることを繰り返していくことが重要です。この繰り返しによって、集中力の幅の機能が身についてくるものです。

この幅のある集中力は、ひとつの情報だけに頼ることで起こる判断ミスや勘違い、思い込みといったヒューマンエラーを防止するうえでも重要なことです（この点については後の章で詳しく説明します）。

◉流れや変化を読み取る

小さなことに一点集中していると、いち早く、ちょっとした変化の予兆に気付くことがあります。

同様に、全体に気配りをしながら、幅のある集中力を発揮している際に、大きな流れの変化を読み取ることもできます。これには「魚の眼」を使います。

魚は川の流れ、潮の流れを読んで生きています。人間も、時には魚の眼を使って、流れを読んで生き抜く必要があるのです。


◉持続する集中力（時間を意識した集中力）

目的を実現するためには、集中力の持続という重要な課題があります。勉強にしても、仕事にしても、何かを達成するには、集中して取り組み、その集中力を持続して、初めて可能となることが多いものです。

人間が一度に集中できる量は、集中力の深さ×持続時間という式で表すことができます。この量を一定だと仮定すると、集中度が深ければ深いほど、その持続時間は短くなります。

パイロットの例をとってみると、離着陸という、最も研ぎ澄まされた集中力が必要なフェーズ（時点）では、密度の濃く深い集中力は、わずか数十秒から、長くても3分程度しか持続させることはできません。

また、密度の濃い集中力を維持しようとすると、逆に変化や異常事態に対応する柔軟性が失われる可能性も出てきます。

パイロットは、トイレのために操縦席を離れるとき以外は、乗務する路線によっては10時間近く、操縦席に座っています。10時間も同じレベルの緊張感、集中力を持続し続けることなど、生身の人間では到底不可能なことです。

私も、巡航中に航路上の悪天候を回避するために集中力を使いすぎて、フライトの最終段階である、滑走路への進入・着陸にかけて最も集中すべきときに、うまく集中力を発揮できなかった、という苦い経験を何度もしています。

集中力を長時間持続する必要があるケースでは、「人間は機械やコンピューターではないのだ。生理をもった生身の人間だ」という認識をもつことが必要です。

そのときの環境条件やフェーズなどの状況に合わせて、集中力の深さ（虫の眼）や幅（鳥の眼）を、時間軸のなかでうまくコントロールしながら、集中力を持続させます。

集中力を持続する際には、このように、時間という制限を考慮して、集中力に緩急やリズムをつけることが、大きな失敗を防ぐことにもなります。

◉本質・重要度を見極める

几帳面な日本人の不得意な点として、重要度の選定があげられます。完璧主義は、もの作りには大切な要素です。これは、日本製品の質の高さを支えている大切な要因でもあります。

しかし、集中力を発揮して、仕事の成果をあげようとする場合は、この完璧主義の性向が、かえってマイナスに作用してしまうこともあります。あれもしよう、これもしないといけない、などと気をとられていると、大事なことに対しての集中力を発揮することなど覚束なくなってしまいます。

情報化時代の現代は、身の周りに膨大な情報が溢れています。この情報洪水に流されることなく、自分の目標を達成し、目的を実現するためには、今いちばん大切なものは何か、ということをしっかりと把握しなければいけません。

また、さまざまな報道がなされるなかで、本質は何なのかをしっかりと見極める、ということ自体に対しても集中力を働かせないと、自分の行動や、集中力を発揮する方向を間違ってしまうことにもなりかねません。

本質を見極めることは、決して難しいことではありません。普通の常識で、当たり前の原理原則に照らし合わせて、情報をチェックしてみるだけでも、満ち溢れている情報洪水に流されることはなくなります。

当たり前のこと、原理原則で本質・重要度を把握することは、すなわち「心眼」でものを見ることになります。

間違った方向に自分の集中力を発揮しないためにも、心眼でものを見ることも大切なのです。

Chapter 3

集中力を阻害するもの

「最近の若い人には集中力がない」とか「集中力がなくなった」などということが言われたりします。はたして、本当にそうでしょうか？

集中力は、なくなるものではありません。

動物としての人間は、他の動物たちと同じように、集中力を本能としてもっているのです。他の動物たちと異なるところは、私たち人間の周りには、集中しようと思ってもつい気をとられたり、集中力を散漫にしたり、邪魔をしたりするものが、たくさん存在している、ということだけなのです。

集中力を発揮するためには、それを阻害する要因は何かということをしっかりと把握して、それを取り除いてやればいいのです。

◉自分に関係のあるさまざまな情報

人間は、自分に関係のあることに、いちばん興味があります。興味のあることには、注意力が自然とその方向に向いていきます。これは、人間として至極自然なことです。

たとえば、電車のなかで本を読んでいるとき、周囲の人の話が、自分の興味のあることや自分の利害に関わることだと、目は本の文字を追っているのに、意識は耳から入ってくる話の内容に向いてしまいます。

話が、自分とは全く関係のないことや興味のないことだったりすると、意識は本の内容に向いたままです。また、話し声が外国語であった場合は、電車の音などの環境音と同じように、ほとんど気にならず、読書に集中できているものです。

集中力を阻害する要因で最もよくある例が、このように耳から入る、自分に関係のある情報です。

また、目からの情報も、自分に関係のあるものや関心のあるものであれば、集中力を妨げてしまいます。

その例として、集中して読書、勉強、作業をしているときに、近くに自分の興味のあるものなどが置いてあると、ついそれに目がいってしまいます。

そこで一旦、集中力が途切れてしまうのです。

テレビを点けたまま勉強や読書をしているときなど、つい、チラチラとテレビの画面を観てしまって、集中力が散漫になってしまったということは、誰もが経験していることでしょう。

その他に、集中して何かをやっているときに、いい匂いや、逆に嫌な匂いがしてきた場合なども、それが気になって集中力が途切れてしまうことがあります。

◉空腹感と満腹感

人は、空腹のときや食後は、集中力がなかなか発揮できないものです。

これは、生理学的に見ても、ごく自然なことです。腹が減れば、動物としての人間も食べることを空想します。食べ物への注意力が働いて、今やっていることに集中できなくなります。

食後は、食べたものを消化するために胃や腸が活発に活動して、神経も消化活動が中心となります。意識も満腹感、満足感に満たされ、場合によっては眠気にも包まれてしまいます。当然、集中して何かをやろうとする気力は湧いてきません。

したがって、重要な仕事をするときや、集中力が必要なことをやる場合は、空腹時や食後の時間帯を外すといった時間割の工夫が必要でしょう。

◉睡眠不足

寝不足では、当然、仕事に集中できませんね。寝不足のために、仕事が思うように進まない、ケアレスミスが多くなる、といったことは、誰でも経験していることではないでしょうか。

睡眠不足は、集中力の低下と密接な関係があり、睡眠不足による集中力や注意力の低下は避けられないことでもあります。

また、睡眠不足のときは当然、脳の活動も低下して、思考能力も低下します。その他に、視力の低下といったことにも影響します。

寝不足は、誰にでもあることです。十分な睡眠をとろうとしても、とれない事情もあります。また、睡眠時間は十分あったのに、寝つきが悪かったり、眠りが浅くて結果的に寝不足感に包まれて、そのまま仕事をすることも、よくあることです。

国際線のパイロットは、ニューヨークやヨーロッパなどへのフライトでは、朝起きてから夜寝るまで、30時間以上も床に就けないことがあります。また、常に時差を背負っての生活が続いています。当然、睡眠不足との闘いの連続でもあります。

こうした過酷な条件下でも、私が40年以上、安全運航を堅持できた要因のひとつに、「寝不足を、うまくできないことの理由にしない」という意識を徹底してきたことがあります。

国際線パイロットにとって、時差や寝不足は避けて通れない宿命です。その、避けて通れない時差や寝不足を、フライトがうまくできなかった、安全を確保できなかったなどということの理由にすることは、許されるものではありません。

フライトの前には十分な睡眠をとって、万全の健康状態で乗務に臨みますが、それでも、途中で時差や寝不足がやってきます。

ここで大切なことは、「今、自分は、寝不足で注意力や集中力は低下している」という自己認識に立って、ひとつひとつ確認しながら、確実な運航をすることです。

これは、どんな仕事でも全く同じことが言えます。

十分な睡眠をとって、万全な体調で仕事に就く姿勢が、社会人としての基本です。しかし、現実の生活においては、寝不足の状態で仕事をしなければならないことだって、よくあることです。

そんなときは、「今日の自分は、寝不足で仕事をしているのだ。いつもより注意力も集中力も低下しているから、ミスをしやすい状態にある。ひとつひとつ確認しながらやろう」と言い聞かせることが重要です。

場合によっては、周囲の同僚などに、そのことを口に出して言っておくことも、お客様や社外に対する大きな失敗やミスを防止することになります。

社内では、いくら恥をかいてもいいのです。結果として、お客様や社外に対して迷惑をかけないように、チームとして、組織として、会社として、いい仕事ができればいいのです。

寝不足にならないように、十分な睡眠をとることが第一義です。そして、寝不足になっても、心配することはありません。それを把握して仕事をし、口に出す勇気があれば、大丈夫なのです。

◉疲労

疲れが溜まってくると、肩こりや腰痛、頭痛といった身体的な変化とともに、気力、根気の低下や眠気といった症状が現れてきます。いくら頑張ろうとしても集中できなくなり、一時的に集中できても、長続きはしなくなります。人間の生理として自然なことです。

このようなときは、無理に続けようとせずに、ちょっと休憩をとるといいでしょう。今やっていることとは別のことをやってみるのも、疲れを和らげる効果がありますし、リフレッシュもできます。

休憩もとれない、リフレッシュもできない場合は、睡眠不足の際の対処法と同様に、「自分は今疲れていて、注意力、集中力も低下しているんだ」と、自分を第三者の目で見て、ひとつひとつ、確実にこなしていくことが大切になります。

◉体調不良、病気、怪我

人は、風邪ぎみ、鼻づまり、歯が痛いといった、ちょっとした体調不良でも、集中力がてきめんに低下します。

また、怪我をして包帯を巻いただけでも、傷がちょっと痛むだけでも、ひとつのことに集中できなくなってしまいます。

集中力を発揮して、いい仕事をしよう、成果をあげようとするならば、まずは、健康第一、安全第一を心がけるべきです。

しかし、風邪を引くことも、怪我をすることだってあります。このときも、睡眠不足や疲れのときと同じように、自分の注意力や集中力が低下しているということを把握して、泥臭く、確実な作業をする姿勢が大切となります。

◉不快な気温や湿度

暑い、寒いという気温の問題も、集中力発揮に大きな影響を与える環境要因のひとつです。暑すぎて頭がボーッとして集中できない、寒すぎて肩に力が入って集中できない、というのはよく体験することです。

また、乾燥しすぎて咳が出たり、喉が痛くなって集中できないということもあります。日本の夏は湿気が多く、不快指数も高くなり、集中力が低下するといった経験もあるでしょう。

集中して良い仕事をするには、できるだけ集中できるように、環境を整える工夫が必要です。エアコンなどを点けて温度と湿度を調整し、快適性を上げて、集中力を出す工夫をしましょう。

しかし、いつも快適な環境下で作業や勉強ができたり、環境を整えることができるとは限りません。このようなときもまた、集中力、注意力が低下していることを認識して、ひとつひとつ確認しながらやることが大切です。

あるいは、環境条件に恵まれない場合は、状況が許すなら、仕事の順序や計画を変更して、自分の得意なことや好きなことをやるのもいいでしょう。そうすれば、暑かろうが寒かろうが、かなり集中できるものです。

こうした工夫や柔軟性は、条件の悪いときでも集中力を発揮するコツをつかむことにもつながります。

◉他人の目が気になる、良く思われたい

人間は、自分が意識するとしないとにかかわらず、常に他人の目というものを気にしながら生活をしているものです。

本心では、このことに集中してやりたいと思っても、他人の目が気になって集中できない場合があります。また、不本意ながら別のことをやってしまうことすらあります。

このように、他人に良く思われたい、嫌われたくないという意識は、本当に自分がやりたいことや、大切だと思ってやろうとすることを妨げてしまう要因の代表的なものです。

他人の目を気にしてしまうことは、重要度の選定にも支障をきたし、結果的に仕事の成果を低下させてしまうことにもなります。

最近では、他人の目を全く気にしない、「集中力の達人」（マナーの悪いことを度外視すれば）に出くわすことがありますね。

電車のなかで見かける光景のひとつに、全く他人の目を気にしないで、化粧に集中している女性の姿があります。それも、ちょっと化粧を直すのではなく、全くのスッピン状態の基礎から始めて、降車するまでに見事に完璧に仕上げてしまいます。

これには、お見事！　としか言いようがありません。まさに「集中力の達人」と拍手喝采をしたいところですが……。

この光景は、日本以外の国では絶対に見られないものです。海外では、ストリートに立っているその種の女性でも、化粧を直す際には、他人の目をはばかって壁のほうに向き直って、ちょっと直す程度です。

日本女性はここまで落ちたか！　という悲しい思いと、他人の目など全く意に介さない、その凄まじいばかりの集中力には、ただただ感心するばかりです。

多くの人がいる、公共の場である電車のなかで化粧をする無神経さや、道徳心の無さは、同じ日本人として恥ずかしい限りですが、集中力の発揮という視点だけで捉えると、脱帽してしまいます。

この神経があれば、自分がやりたいこと、やるべきことに、凄まじい集中力を発揮して、素晴らしい成果をあげることは、間違いありません。

他人の目を気にしないで集中する方法は、それを発揮する場所さえ考慮すれば、「電車のなかで化粧をする女性」を見習いたいものです。

この「集中力の達人」のように、何ものも気にしない集中力をもって事に当たれば、人生においてものすごい力を発揮でき、偉業を成し遂げること間違いなし！

集中力とは、他のものは一切排除して没頭する力という観点からすると、集中力を発揮する天才は、遊びに興じている子どもと、電車のなかで化粧をする女性だと言えます。集中力を発揮するためには、この2大天才の境地に少しでも近づく工夫をしましょう。

◉過度の緊張やリラックスのしすぎ

集中力を発揮するには緊張感が必要なことは、誰でも分かっていることでしょう。

ただ、あまりに緊張しすぎても、視野が狭くなってしまって、周囲の状況が見えなくなってしまいます。緊張しすぎると、肩に力が入り、神経が肩に集中して、本来集中すべきものへの集中度が低下してしまいます。

車の運転も飛行機の操縦も、緊張しすぎると肩に力が入りすぎてしまって、うまく運転や操縦ができなくなります。

このようなときは、下腹に力を入れると肩の力も抜け、適度な緊張感となって、集中力のコントロールもうまくいくようになります。

過度の緊張とは反対に、リラックスのしすぎも、気が散ってしまい、集中力を発揮することはできません。

集中力を発揮して、いい仕事をしようとする場合は、自分の意識レベルが、緊張しすぎていないか、それとも気が緩んでいないかということを、第三者的に、時々チェックをすることが大切です。

パイロットの世界では、昔から「時々オブザーブ席から自分を見ろ」という格言があります。これは、緊張しすぎて視野が狭くなり、刻々と変化する状況についていけなくなることや、スムースな操縦ができなくなることを戒める言葉です。

操縦席には、機長、副操縦士の2つのパイロット席の他に、パイロットの席の後ろにオブザーバーの席もあります。試験官や、訓練中のパイロットが路線慣熟のために乗ったりする席です。

「時々オブザーブ席から自分を見ろ」という格言は、パイロットが緊張しすぎる弊害を防ぐために、自分を第三者的にチェックして、自分をコントロールする方法を教えているものです。

このように、自分を客観的に、チェックする習慣を作ってゆくということは、集中力を発揮するための要点である、自分をコントロールするコツをつかむことにもなります。

◉迷い、不安、心配

迷いや不安、心配なことがあると、集中して物事に打ち込むことができなくなってしまいます。

明確な判断基準をもたないために、どうしたらいいか、どうしようか迷ったり、この先どうなるのだろうかと不安になったりすることがあります。

これをやって失敗したらどうしよう、自分は本当にこんなことができるのだろうか、といったことを心配することもあります。

当然、このようなときには、気力も充実せず、集中もできません。集中力を発揮するには、日頃から明確な目的意識、判断基準をもつことを心がけなければいけません。

しかし、いつも明確な目的意識、判断基準に則って行動することは、なかなかできることではありません。そして、そのようなときでも、判断、決断して行動しなくてはならないことがあります。

この場合は、覚悟を決めて行動するのです。人間、覚悟さえ決めてしまえばコワイものはありません。どんな状況でも、覚悟をすれば、凄まじいほど集中力を発揮できます。

◉欲張り

気力が充実して、やる気も満々、やるべきこと、やりたいことがたくさんあることは、大変結構なことです。

しかし、ちょっと待ってください。やる気満々はとてもいいことですが、あれもやりたい、これもやろうでは、結局どれも中途半端に終わってしまう可能性があります。

確実に自分の目標、目的を達成し、実現するためには、重要度を把握して、いちばん大切なこと、自分がいちばんやりたいことに集中します。

そして、それが達成されたら、その次に大切なことに取りかかります。

このように、目的実現のための重要度、優先順位をしっかりと把握して、ひとつひとつ集中して、確実に仕上げていくことが大切なのです。

◉動機、目標がない

集中力と、行動する際の動機との関係は、有名な「マズローの欲求5段階説」で考えると、よく理解できます。

私は講演でも、この「マズローの欲求5段階説」を用いて、やる気、モチベーション、集中力について説明をしています。

その「欲求5段階」とは次のものです。

第1段階——**生理的欲求**
第2段階——**安全を求める欲求**
第3段階——**所属と愛の欲求**
第4段階——**自尊の欲求**
第5段階——**自己実現の欲求**

第1と第2の欲求は、生命維持、種族保存のための本能的な欲求です。

動物が獲物を狙う際や、逆に天敵から逃げるとき、雄が雌を追いかけるときに集中力を発揮するのと同じように、動物としての人間も、短期的な集中力は、これらの欲求が動機の基本となるケースが多いものです。

第1、第2段階の欲求が満たされると、次は、みんなに受け容れられたい、良い人間関係を保持したい、褒められたい、尊敬されたいといった、第3、第4の欲求が芽生えてきます。

これらの欲求は、短期的な集中力では実現することは不可能です。持続性のある集中力で、自分をコントロールしていくことが必要になってきます。人間の欲求というものは、第3、第4の欲求がある程度満たされてくると、さらに一段と高い欲求の実現に向かって、自分をコントロールしようとするものです。

このいちばん高い欲求は、自分の能力を最大限に活かし、集中力を発揮して、夢や理想を実現し、具現化したいという欲求です。

このように、すべての行動の動機が、これら5段階の欲求に帰結されます。そして、欲求が、1段階、2段階から3段階、4段階へ、さらに5段階へと上がるにつれ、集中力の質も持続性も高まってきます。

したがって、しっかりとした目標をもち、持続した集中力を発揮するためには、自己実現という欲求にまで志を高めていくことができれば、しめたものです。

◉期限がない

時間の使い方と集中力には深い関係があるということは、多くの人が気付いている原則のひとつではないでしょうか。

ひとつの仕事を、いつまでに仕上げるという期限をつけてやるのと、いつでもいいや、と期限をつけないでやるのとでは、集中できる度合いが全く違ってきます。

自分は集中力がない、集中力が続かないと思っている人は、どんなことでもいいので、短い時間に区切って、期限をつけて、とにかくその期限内にやってしまいましょう。

その内容、出来栄えにはこだわらず、まずは期限内に完了することを目標にやります。

こうしたことを何度も繰り返すことにより、集中するコツがつかめてきます。内容や質は、それから徐々に上げていけばいいのです。

◉さまざまな誘惑（携帯電話、メール、インターネットなど）

今の世の中は、昔と比べて、集中力を削ぐ要因が格段に増えています。さらに、その数はものすごい勢いで増え続けています。ちょっと自分の身の周りを見ただけでも、その数に驚くことでしょう。

今、これから集中して、ひとつのことをやろうとした際に、集中の阻害要因となる代表的なものとしては、まず携帯電話、テレビがあります。

パソコンを立ち上げて作業をしている際にも、ついメールやインターネットにアクセスしてしまいがちです。ラジオや音楽をかけながら作業をしてしまうこともあるでしょう。

その他に新聞、雑誌なども、身の周りに数え切れないほどあります。

集中して何かをやろうとするならば、業務で必要な場合をのぞいて、携帯電話の電源を切っておきます。

パソコンで作業するときは、メールやインターネットは開かない、という決意、覚悟が必要です。携帯メールも、あらかじめ決めた時間にチェックすればいいのです。

とにかく、本気で集中力を発揮して、目的を実現しようとするなら、集中力を阻害するさまざまな誘惑を、時間を決めて、きっぱりと切り離す決意と、覚悟をする自己コントロールが必要です。
集中力は、どれだけ自分をコントロールできるか、なのです。

Chapter 4

集中力を発揮する方法

前章で見てきたように、私たちの身の周りには集中力を阻害するものが溢れています。それらひとつひとつを、すべて取り除けば、集中力を発揮できる条件が整うわけです。

とは言っても、すべて完璧な環境を作ることは不可能ですし、たとえ環境を整えられたとしても、それでも集中できないこともあるでしょう。

どうすれば集中できるのか、どうすれば集中力が持続するのか、さらに質の高い集中力を発揮するにはどうすればいいのか。

ここでは、その具体的な方法をお教えします。

◉好きになる、興味をもつ、面白くやる

子どもは好きな遊びや興味のあることがあれば、他のことには全く目もくれず、そのことだけに熱中して遊びます。初めてする遊びも、好きになればすぐに覚えてしまいます。

そして、飽きてしまったり、興味がなくなったり、他の興味のあることが現れた瞬間に、それまで熱中していたことからパッと手を離して、また別のことを始めます。

大人も子どものように、好きなこと、興味あることだけをやれば、すごい集中力を発揮して、すぐにそれを覚えてしまうことも、上達することもできるでしょう。しかし、大人は、好きなことだけをやって生活することはできません。

そこで、自分をコントロールする工夫が必要となってきます。

世の中には、自分でコントロールできるものと、コントロールできないものとがあります。

日本人に生まれたこと、男性に生まれたこと、女性に生まれたこと、昭和の時代に生まれたこと、平成になって生まれたこと、などということは、絶対に自分ではコントロールできない項目です。

その他にも、自分が希望する会社や職業に就けなかったこと、会社に入ってから与えられた仕事、人事など、自分ではコントロールできないことは数多くあります。

その反面、自分でコントロールできることも、全部ではないけれど、かなりの部分は自分でコントロールできることも、いくらでもあります。

自分で自分をコントロールするのは、そのなかでも最も重要なものです。これは、人生を実りあるものにするかどうかの鍵をも握っています。

自分の心の姿勢や自分の行動は、自分でコントロールできます。行動は、仕事中においては自分ではコントロールできない部分もありますが、心は、その気になれば、ほぼ100パーセント近く、自分でコントロールできるはずです。

与えられた仕事や目の前にあることは、好きであろうと好きでなかろうと、好きだと、まず決めてしまうことなら、自分でコントロールできるはずです。好きだ、と自分に言い聞かせるのです。

与えられた仕事の全部でなくてもいいのです。どんなことでも、どんな小さなことでも、ひとつだけでもいいので、面白さや、やりがいを見つけてしまうのです。

どんな小さなことでもいい、ちょっとしたことでもいいので、うまくいったこと、嬉しかったことなどを、面白い、良かった、と感じてみるのです。あるいは、面白さを感じなくても、嬉しくなくても、たとえ辛くても、これは自分を成長させてくれる、ありがたいチャンスだと、1日のうちに1回でもいいので、感謝してみましょう。

そして、次の日は、面白い、嬉しいと思うことを2つ見つけてみる、あるいは2回感謝してみる。

こうしたことを何度か積み上げていくと、段々とその仕事が面白くなり、好きになっていくものです。面白くなり、好きになれば、当然、集中力も発揮されるようになり、その結果として、仕事もうまくいくようになるはずです。

天職という言葉がありますが、初めから天職に就く人など誰もいません。その仕事に打ち込んでいるうちに、段々とそれが好きになり、いつの間にか、やりがいを感じるようになります。そのときが「天職」なのです。

昔から「石にかじりついても三年」と言われてきました。3年もたたないうちに「転職」を繰り返していたのでは、「天職」は、まず見つからないでしょう。

「石にかじりついても三年」という教えこそ、「天職」探しの黄金の格言だ、ということは、私の経験から、自信をもってお伝えできます。

今、「お前は、もう一度生まれ変わったら、何になりたいか？」と問われたら、すかさず「パイロットになりたい」と答えます。

実は、私は最初から、パイロットという職業を志していたわけではありませんでした。むしろ、外国に行ってみたい、憧れのハワイに行ってみたい、という気持ちで、東京商船大学（現・東京海洋大学）の航海科に入学しました。

大学在学中、虫歯の治療のために、大学の近くの歯科医院に通院していました。船に乗ってしまうと歯医者に通うことができないので、どうしようかと考えていたとき、新聞で「日本航空パイロット訓練生募集」の広告を見つけました。

「飛行機ならすぐに日本に帰ってきて、歯医者に行ける！」と思った私は、迷わず応募して採用試験を受けたところ、運よく合格したのです。

当時は、日本は高度成長時代の真っただなかにあり、民間航空のパイロットは、自衛隊もしくは航空大学校出身者の他に、一般大学卒業または大学2

年修了以上の学生から募集して、自社養成をする方式が採られていました。

その自社養成も、それまでは基礎課程の部分を自衛隊に委託していましたが、私が応募したときから、アメリカに委託するコースができました。私は、その「海外委託」の第1期生として、大学を3年で休学して日本航空に入社したのです。

しかし、そもそも入社の動機が曖昧だったので、「いつでも大学に戻ればいいや」という気持ちが心の底にありました。当然、訓練には真剣になって集中することができず、そのため全くうまくいかず、同期生のなかでも、いつもビリに近い成績でした。

なんとか副操縦士になってからも、当初はレベルも低いままでした。2人のペアで訓練をしていても、教官からいつも「A君はいいが、小林君はダメだダメだ」と言われていました。集中して真剣にやっていないのですから、当然と言えば、当然です。

しかしながら、そんな状態を続けているうちに、私は自分の不甲斐なさに気付きました。

パイロットは、飛行機の機種ごとに資格が必要なのですが、私は、入社4年目にDC8型機の副操縦士となり、8年目にはボーイング747型機の副操縦士への移行訓練を開始しました。その間の3～4年は本当に必死になって、平均的なパイロットの3倍ぐらいの努力を続けたのではないかと思っています。

そうしているうちに、パイロットという仕事にやりがいを感じるようになり、フライトが楽しくてしょうがない、という気持ちになってきたのです。

楽しければ、勉強も努力も苦にならず、その次のＤＣ10型への移行訓練、さらに、ＤＣ10型での機長昇格訓練も審査も、いずれもスムースにいきました。

機長になってからは、ＤＣ10型から、ハイテクジャンボと言われていたボーイング747―400型機への移行も、厳しい訓練を、味わいながらも楽しく受けることができ、もちろん結果もうまくいきました。

また、機長として乗務するためには、路線ごとの資格もとらなくてはいけません。乗務する国・地域や、発着する空港ごとに、あらゆる特性を理解しなければ、安全な運航はできないからです。

私は、この勉強にも力を入れました。せっかく機長になれたのですから、より多くの路線を飛びたいと思ったからです。そして、その原動力は、やはりパイロットという仕事が好きだ、楽しい、という気持ちでした。

その結果、私は、日本航空が運航したすべての国際路線に乗務した、最初で最後の機長となることができました（すでに廃止となった路線もあるため、この記録が破られることはないと思います）。

このようにして、機長として世界中を飛び続けてきた間も、「パイロットという職業は、自分の天職だ」と感じ、この仕事が好きでたまらない、飛べるということは本当にありがたい、幸せだと感じていました。

これは、何も私が生まれながらにしてパイロットの資質があったわけでも、特別優れていたわけでも、決してありません。

パイロットとしての資質はそれほどでもなく、優秀でもない私が、こうした境地になれたのは、「石にかじりついても三年」を信じて、それを実践してきたことがきっかけになったと確信しています。

私は毎年、大学3年生を対象とした「就職対策セミナー」の講師もしています。そこでは、自分の経験と、チルチル・ミチルの「青い鳥」を例に出して話をします。「青い鳥」は結局自分のところにいた、という物語と同じように、「天職」は自分のなかにあるのだ、と説明しているのです。

もし私がパイロットにならず、そのまま商船大学を卒業して船に乗っていても、あるいは全く別の道に進んでいたとしても、やはり、それが「天職」と感じているだろう、と思っています。

好きと興味とは相関関係があり、好きになれば興味も湧いて、いろいろと勉強したくなります。

勉強すればするほど分からないことが増えてきて、さらに深く、幅広く知りたくなります。情報収集のアンテナ感度も上がってきます。当然の結果として、勉強に対する集中力もついてきます。そして、分かったときの面白さの味が忘れられなくなるのです。

逆に、当初は好きでなくても、興味をもって情報収集や勉強をしているうちに、その対象に関する専門性が高まり、自信もついてきて、いつの間にか好きになってくるものもあります。そして、好きになれば、集中できるようにもなります。

このように、集中力は「好き・興味」とも相関関係、相乗関係にあるのです。

社会に出て組織のなかで働いていれば、好きでもない、興味もそれほどない、面白くもない、そんな仕事や業務を与えられることだってあるでしょう。与えられた仕事が自分には難しすぎて、うまくいかないときもあるでしょう。

そんなとき、自分をどのようにコントロールしたらよいでしょうか。

今自分は、仕事を通じて、いろいろなことを勉強させてもらっているのだ、鍛えてもらっているのだから、ありがたい、と感謝します。これを毎日繰り返していると、それが段々と潜在意識に浸透していきます。

顕在意識は、意識しないと、なかなか思うように身体や頭が動きません。しかし、潜在意識は、特に意識しなくとも、身体も頭も自然にその方向に動くようになります。そして、集中力も発揮されるようになります。

集中力を発揮するには、自分が、自分を思うようにコントロールできるよう、潜在意識に昇華するまで、繰り返し言い聞かせることです。

身体の動きが習慣による部分が大きいのと同様に、心も、習慣でできあっていきます。潜在意識に浸透するまで、毎日コツコツと、心の習慣をつくることが大切です。

私の例をあげると、次のような経験をしてきました。

私は、機長になって3年で教官になりました。そのとき、会社から与えられた教官用の資料の他に、自費で何冊もの参考書を購読したり、教育や人材育成に関する社外のセミナーに参加して勉強しました。

また、主席という、一般企業の係長か課長レベルの管理職になったときには、組織運営や管理職に関する社外セミナーに、自費で頻繁に参加しました。通信教育も始め、ビジネス文書の書き方から、課長、部長、役員レベルのコースまで学びました。

自費で勉強をしていると、「元をとらないと損だ」という浅はかな心も芽生えます。しかし、元をとるために必死に集中して勉強したことにより、興味も湧いてきて、面白さも味わえるようになったのです。当然、学んだことも、よく頭にも入るようになりました。

1980年代のイラン・イラク戦争から、1991年の湾岸危機、湾岸戦争にかけては、中近東路線の主席を担当していました。

そして、イラクがクウェートに侵攻した90年8月から、イラクで事実上の人質（出国禁止）となっていた邦人が、全員解放される12月までの5か月にわたり、私は何度も、邦人や東南アジアの人々を救出する際の機長を務めました。

この時期には、中東情勢、軍事情勢、国連安保理の動きといった、あらゆる情報を自費で収集しました。その費用は、子どもから「お父さん、どうしてうちは貧乏なの？」と言われるほどの金額を使いました。

今、振り返ってみても、中東情勢に関するアンテナ感度と、分析に対する集中力は、スゴイものであったと記憶しています。「会社をクビになっても、これでメシが食える」という自信もついてきました。

当初は、イラクで人質になっている人たちを、無事に日本や祖国に連れて帰りたい、という使命感でした。日本航空という会社のため、という意識はほとんどなく、日本の国のため、という意識に支えられていたのではないかと思います。

しかし、テレビでさまざまな評論家たちが、中東情勢についてコメントをしているのを聞いていると、評論家よりも自分のほうが、遥かに正確に中東情勢を把握していることが分かり、「面白さ」が湧いてきたということも、その原動力になっていました。

「面白さ」が集中力を支えた例です。

危機管理について、本格的に勉強を始めたのも、この頃からでした。この5か月間の中東情勢等に対する集中力は、60歳を過ぎた今の、集中力に関する考え方の基礎になっています。

その後、飛行技術室長という、飛行機の運航に関する情報の交差点のような組織を担当しました。このときには、情報処理などについて、社外でいろいろと勉強しました。

運航安全推進部長のときは、安全管理、リスクマネジメント、危機管理、ヒューマンエラー対策などを、徹底的に勉強しました。社外から、危機管理やリスクマネジメントなどについての講演依頼が来るようになったのも、その頃からでした。

そして、広報を担当するようになってからは、広報の危機管理や企業危機管理について、これも自費で勉強する機会が増えました。

この間の自己投資額は相当なものですが、自費での勉強、情報収集は、会社や他人から指示されたのとは異なり、自主的な行動であるだけに、いやがうえにも、自然に集中して勉強することができました。

もちろん使命感もありましたが、むしろ、集中して打ち込んでいるうちに、面白さと興味も湧いてきたのです。

機長という専門職の業務をしながら、飛行機のことだけでなく、他の産業界でも通じる、リスクマネジメントや危機管理、組織運営などについての知識が得られるという、やりがいや面白さが、さらに集中力を向上させる推進力となったのではないでしょうか。

「会社は、給料をもらって勉強させてもらう、予備校だ」という考え方になってきたのも、自費でいろいろな勉強をする機会を与えてもらった、日本航空という会社のお陰だと、感謝しています。自費だからこそ、自主的だからこそ、集中力が自ずと湧いてくることも体得しました。

◉今、ここに集中する（Now! Here!）

子どもが遊びに熱中（集中）しているときは、過去のことや、未来のことを考えたりなどしません。今、ここにあること、やっていることだけに全神経を集中しています。

大人になると、過去にあったことへの後悔や、未来をあれこれと心配することがあります。それは、ある意味では、まだ余裕のある状況だとも言えます。

戦時中や戦後の貧しいときは、誰もが、生きるため、食べるために必死で、今日一日をどうやって食べて、どう生きてゆくかに、考えも行動も、集中せざるを得ませんでした。過去を悔やんだり、将来を思い煩ったり、他人の目を気にしたりする余裕など、全くありませんでした。必死になって「今、ここ」だけに集中していました。

昭和20年代から30年代は、日本人のほとんどが貧しい時代でした。しかし、当時の子どもたちの写真を見ると、貧しく、何もなかったけれど、みんな目が輝いていました。

今でも、開発途上国に行くと、子どもや若者の目が輝いています。日本や先進国のように、物や情報があり余っているわけではありません。何の変哲もないものでも、それを使って一心に遊んでいる子どもがいます。生きることに必死で、何かをつかみとろうとしている若者もいます。その笑顔が、実にいいのです。目も輝いています。

こうした姿を見るにつけ、「集中力ってなんだろう」という疑問に対して、「そうか。今、ここにあるものに専念することだ！　余分なものなどないほうがいい。余分なものは脇に置いておくか、一旦捨ててしまったほうがいいのだ」というヒントに行き当たるのです。

人間は、「急げば急ぐほど、ますます時間を失う」という逆説を抱えています。一度にあれもこれもと、あまりにもたくさんのことをやろうとすると、注意力が散漫になり、今やっていることに集中できず、不安になってしまいます。その結果、当然良い結果を生むことはできなくなります。

とにかく、「今（Now）、ここ（Here）でしかできないことに集中するのだ！」「今、ここしかない！」「今、ここを楽しむのだ！」と自分に言い聞かせるのです。

今、ここに集中する習慣（心の癖）をつくっていくことが大切です。これは、集中力を養っていくうえで重要なことであるだけでなく、生き方そのものにも大きく関わってきます。

今、ここの時間を大切にすることは、命を大切にすることと同じです。命とは、生まれてから死ぬまでの時間のこと。その時間をどう使うかは、すなわち、一度しかない自分の命をどう使うかでもあります。今、ここを大切にしないということは、与えられた命を大切にしないことと同じなのです。

こうした認識に立てば、「今、ここ」に集中し、「今、ここ」しかない時間を、楽しまずにはいられなくなるはずです。今、ここに集中することは、集中力を高める習慣をつくり、集中力を発揮して仕事の効果をあげるばかりでなく、生き方そのもの、人生を充実させるための、重要な鍵を握っているのですから。

「今、ここに集中する」には、まず、目の前のものに、意識と行動の焦点を合わせます。

人間の意識の焦点は、通常、眼の焦点や、聞こうする耳の焦点と一致します。したがって、「今やるべきこと以外は見ない！　聞かない！」と、自分で決めてしまいます。

意識して、目の前にあるものだけに焦点を合わせ、聞き耳を立てます。そうすることにより、集中力を阻害するようなものは目に入らなくなり、聞こえなくなり、自然に目の前のことだけに集中できるようになります。

それでも、最初は、すぐに他のことを見てしまったり、聞いてしまったりして、なかなか長続きできません。でも、そこであきらめてはいけません。

自分をコントロールしながら、こうした行動を繰り返していくと、目の前のことに集中できる時間も長くなり、密度も濃くなっていき、集中力も向上していくはずです。

このコツをつかめば、これからやるべきことに対して、瞬時に集中モードに入ることも可能になってきます。

繰り返しになりますが、私のモットーは「Now! Here!」です。なかなか集中できないときは、いつでも自分に「Now! Here!」と言い聞かせています。

◉はっきりとした具体的な目的意識・目標をもつ

一般に、日本人や日本政府、日本企業には戦略がないとか、戦略が甘い、と指摘されることがよくあります。海外のそれと比べてみると、残念ながら確かにそのとおりだ、と言わざるを得ません。

戦略とは、すなわち目的であり、戦術は目的を実現するための手段です。うまくいかないときは、目的と手段が逆になっていたり、ゴチャゴチャになっていることがよく見受けられます。

これは、個人の活動においても、全く同じことが言えます。目的、目標が明確でない限り、集中力を発揮する動機は生まれません。

飛行機の運航でも、目的地がはっきりと決まっているからこそ、安全性を最優先にして、定時性、快適性、効率性に集中力を配分させながら、目的地まで無事に到着することができます。

目的地が決まっているから、そこに到着するように、状況に応じた集中力を発揮できるのです。

目的意識や目標は、集中力発揮の重要な必要条件です。

自分の能力を有効に駆使する工夫、つまり、集中力を発揮して成果ある仕事をするには、これからやろうとすることの目的は何か、その目的を達成する手段は何かということを、常に把握して、確認しながら仕事を進めなければいけません。そうすれば、集中力は自然と発揮されます。その結果として、良好な成果も生まれます。

集中力を発揮しよう、集中力を高めようとするならば、「集中力は、目的意識の強さと比例するのだ」ということを肝に銘じてください。

◉目標には期限をつける（目標は短期・中期・長期で）

目標にも短期、中期、長期という期限が必要です。集中力を発揮して良い成果をあげるには、まず短期目標を設定して、それに集中して打ち込んでいきます。

期限を区切って集中力を発揮するための基本は、まず短期目標に集中することです。このひとつひとつの短期目標は、中期目標を達成するための手段です。つまり、複数の短期目標を達成すると、ひとつの中期目標が達成されるのです。

そして、この中期目標は、長期目標を達成するための手段です。長期目標を構成する複数の中期目標が達成されると、長期目標が達成され、最終目的が実現してゴールにたどり着く、というわけです。

このように、期限を設定して事にあたることによって、長短のリズム感をもって集中できるようになります。

期限を設けないと、集中しようと思っても、つい先延ばしにしたり、集中力を阻害するさまざまな要因によって気が散ってしまい、なかなか集中できないものです。

しかし、実際には、期限を設定して仕事や作業を始めてみても、それぞれの期限内に、目標を100パーセント達成することは、なかなか難しいものです。

ここで大切なことは、期限内に100パーセント達成できなくとも、そこであきらめてしまったり、その期限内でやろうとしたことに執着して、立ち止まってしまわないことです。

100パーセント達成しないと、絶対に前に進むことができない、というような場合を除いては、次に進むことを鉄則とするのです。目標達成率が何パーセントであろうとも、とにかく期限を守って、最終目標までやってしまうことが大切です。

期限を設けて、その期限内にやってしまう、ということを繰り返していくうちに、集中力の発揮の仕方や、仕事を効率よくやってのけるという要領も身についてくるのです。

「できても、できなくても、中途半端でもいいから、絶対に期限を守る」という習慣を身につけていくことが、集中力向上と、仕事の効率化につながっていきます。

◉健康の維持・向上

集中力は、体調と最も深い関係があります。

風邪を引いて熱があったり、鼻がつまっていたり、咳が出たりすると、集中力はてきめんに下がります。

たとえ一時的に集中できたとしても、その集中力は長くは続きません。これは、人間の生理として、どうすることもできないことです。

したがって、集中力を発揮して、自分の目的を実現しよう、いい仕事をしようと思ったら、「風邪なんか絶対引かないぞ」という強い意志をもって体調の管理をすることです。

風邪を引くのは、寝不足や二日酔い、ストレス、疲労などが蓄積して体力、免疫力が低下し、ウイルスに負けてしまうからです。

ウイルスに負けないためには、まずは睡眠をしっかりとること。不平・不満ではなく、意識的に感謝の気持ちをもち、適度にリフレッシュをして、疲労を回復させ、免疫力を高めます。

リフレッシュや癒しと言っても、何も温泉につかってのんびりすることだけではありません。今までやっていたことと異なることをやるだけでも、リフレッシュになります。疲労回復になることだってあります。たとえば、隙間時間にちょっとだけ、自分の好きなことをやるだけでも、その効果があります。工夫次第なのです。

病気にならないように免疫力をつけるには、体温を上げると良い、と言われています。また、体温は筋肉によって作られる、ということも知られています。

そのために私は、時間が許す限り、歩くようにしています。日本にいるときも、海外滞在中にも、1時間半から2時間ほど、早足でウオーキングをします。ウオーキングは、いつでもどこでも、どんな服装でもできます。有酸素運動にもなり、血圧のコントロールにも効きます。昔から「足は第二の心臓」と言われているのも、そのためです。

また、ウオーキングと併せて、スクワットや腕立て伏せなどで「貯筋」を心がけています。そのお陰で、体温も以前に比べて少し高くなり、若い頃に比べても、風邪のウイルスなどに対する抵抗力、免疫力も高まってきている気がします。

また、正しい姿勢は、健康の維持にとって、とても大切なことです。そして、正しい姿勢は、集中力を発揮するためにも、重要なカギを握っています。なぜなら、正しい姿勢を保つためには、脳が、そのように筋肉に指令を出し、それを受けて、筋肉が正しい姿勢を保ちます。脳も身体の一部ですから、筋肉と脳が共同で活性化します。脳が活性化する、ということは、それだけ集中力を発揮しやすくなるのです。

正しい姿勢をとると、脳が正しい考えを抱きやすくなると同時に、血行も良くなり、健康の増進にもなります。このように、姿勢を良くして、集中力を発揮しようとすると、結果的に健康の維持増進にもなるのです。

「健康第一」「安全第一」という標語は、どの職場でも目にすることができます。ただ、ほとんどの人は、この標語にあまり関心をもつこともなく、毎日が過ぎていると思います。

健康も安全も、水や空気と同様に、通常の生活では当たり前のことです。

何も感じないのは当然でしょう。

しかし、水や空気も、無くなったらもちろんのこと、汚れただけ、少し損なわれただけでも、ありがたさを痛感します。健康も安全も損なったり、脅かされて初めて、そのありがたさや大切さに気づくのです。

そして、また健康や安全を取り戻して、しばらくすると、そのありがたさなど、すっかり忘れてしまうのが、人の常です。

航空会社で、機長という職種を長年続けていると、この当たり前の「健康」と「安全」の2字のもつありがたさと、大切さを、身に染みて感じずにはいられません。

機長は、半年毎の厳しい航空身体検査に合格しないと、ライセンスが発給されず、フライトができなくなります。ライセンスが発給されても、風邪を引いてしまったら、薬を飲んでフライトすることはできません。

つまり、風邪を引いただけで、フライトができないのです。健康であることに感謝せずにはいられません。

また、安全運航を完遂して、目的地に到着して、乗客の皆様が何事もなかったように、ボーディングブリッジを降りていく姿を見るたびに、感謝の念が湧いてきます。

健康管理は、集中力を発揮するための、基礎的な条件であるばかりでなく、局面ごとに臨機応変に対応する注意力や、集中力が求められる危機管理の基礎でもあります。

集中力を発揮するためには、しっかりとした健康管理を心がけると同時に、怪我をしないよう注意を払うことも、非常に大切なことです。

車の運転を見ると、その人の夢の大きさが分かります。自分の夢を実現しようとしても、交通事故に遭ってしまったら、夢を叶えることなど不可能になってしまいます。

本気になって、夢を叶えよう、実現しようと思えば、自ずと慎重な安全運転になるはずです。

車の運転だけではありません。路上でも、横断歩道で信号待ちのときには、決して車道ギリギリに立たないこと。駅のホームでも、電車が動いているときは黄色い線の内側を歩き、発車間際の駆け込み乗車などは絶対しないはずです。

電車の乗り方、駅のホームでの歩き方のひとつをとってみても、その人がどのくらい真剣に、自分の夢や目的に向かって生きているかが分かるのです。

こうした、事故や怪我を防止するための当たり前の行動は、何も注意を促すアナウンスがなくても、自分の判断でできることです。

ちなみに、駅のホームでいつも流れている事故防止のアナウンスは、日本以外には絶対あり得ません。いかに日本人が危機管理に甘いか、自分の身を守ることとさえ、他人から言われないとできない国民になってしまったのかを実証している典型例です。

あるいは、アナウンスをしないと、誰かが怪我をした場合に、その責任を問われるから、仕方なしに行なっているのでしょうか。

いずれにしても、「日本の常識は、世界の非常識」は、このように至るところにあります。

ここで、もう一度、「健康第一」「安全第一」という言葉を噛みしめてみましょう。これほど重みのある言葉はありません。このふたつは、集中力を発揮するための基本中の基本でもあります。

◉緊張とリラックスの切り替え、バランス

集中力と言うと、一心不乱に力を集中することと捉えがちです。もちろん

スポーツなどでは、そうしたことも必要になる場面があります。また、緊張感を長時間にわたって持続する必要がある場合もあります。

集中しようと肩に力が入りすぎて、逆に集中できなかったり、長時間、緊張感を持続していると、集中力が萎えてきて、集中力、注意力ともに散漫になってしまうことがあります。これも、人間の自然の生理です。

肩に力が入りすぎている、と感じた際には、腹に意識の中心を置くと、スーッと肩の力が抜けて、周りがよく見えてきます。腹も据わってきます。そして、集中力も蘇ってきます。

一般に、集中しているときはα（アルファ）波が出ていると言われています。α波は、適度な緊張状態のときに出る脳波です。このα波を保つためには、まずは健康を維持し、やる気、感謝、面白い、自主的、自律心といった能動的な、プラス思考を保つことです。

飛行機の操縦も肩に力が入っていると、うまくできません。車の運転も肩に力が入ると、周囲が見えなくなり、危険察知が遅れて、事故に遭う確率が高くなります。

危機管理やリスクマネジメントは、自分が危険やリスクに対してどのくらいの位置にいるかを把握していることが、ベースになります。リスクマネジメントは、すなわちリスクナビゲーションと考えると、捉えやすいものです。

集中力を長時間持続する必要がある場合は、連続して緊張感を一定に保つのではなく、緊張感に強弱をつけます。重要なところと、それほど重要でないところとに、メリハリをつけます。そうすることにより、必要な場面で集中力を、効果的に発揮できるようになります。

集中力を発揮することにおいて、日本人と欧米人との大きな違いは、休日や休息の使い方にも現れています。

日本人は、休日にも仕事に関係のあることを一生懸命にやったりします。いろいろなことを頭につめようと、いわゆる「充電」にあてる人が多いのです。

それとは対照的に、欧米人は「放電」します。遊びや仕事とは無関係なことを楽しんで、休暇を過ごします。そして、頭の中を空っぽにします。

私は以前、駐在パイロットとして2年間ローマに住んでいました。イタリア人は、8月になると、ほとんどの人が1か月間、家も頭も空っぽにして、休暇を楽しんでいました。

もともと、休暇を表す英語のVacationは、「空っぽ」という意味のラテン語Vacansが語源です。頭を空っぽにしてリフレッシュすることにより、次の週や休暇明けから、また集中して仕事ができるのです。

このように、緊張感にも強弱をつけ、ONとOFFのバランスを考えて仕事に臨むことによって、有効に集中力を発揮できることになります。

◉疲れや睡眠不足に対するマネジメント

1日24時間のうちで、その3分の1近くを使うのが、睡眠時間です。

平均7時間の睡眠時間として、問題はその中身です。睡眠は量（睡眠時間）と質（睡眠の深さ）の掛け算です。睡眠の質を良くし、熟睡するには、心配事やストレスを、就寝前に一旦捨ててしまうことが重要です。

疲れが蓄積してきたり、睡眠不足があると、次のような能力の減退が生じてきます。

①注意力
②集中力
③記憶力
④知覚

⑤計算力
⑥意思決定力
⑦警戒心

したがって、疲労や睡眠の自己コントロールと、それが不足した際のマネジメントの工夫が必要となります。

大切なのは、十分な睡眠をとることや、疲労が蓄積しないように、合理的な仕事の配分や自己管理を行なうことです。

しかし、そうは言っても、寝不足や疲れが溜まってくることは、誰にでもあることです。そのような場合は、自分の集中力や注意力などが、低下していることを認識したうえで、ひとつひとつ、意識して確実な作業を行なうことが大切です。

また、一緒に仕事をする者同士で、互いに自分たちのパフォーマンスが低下していることを、声に出し合い、カバーし合う、泥臭く地道なチームワークも大切となります。

航空界でも、それぞれの能力、リソースをうまく出し合って、安全で質の高い運航を完遂するために、そのようなマネジメントを採り入れています。

◉具体的かつ詳細にイメージする

集中の第一歩は、自分が達成したいことを、できるだけ具体的にイメージすることです。集中力とは、何かをやろうという意思をもち、それを行動に移すことに他なりません。

願望や目標を達成するためには、それが達成された姿や、その過程について、より具体的なイメージを繰り返すことにより、実現の確率が高まってきます。

では、どのようにイメージしたらよいのでしょうか。ここでも、「はじめに言葉ありき」という格言が生きてきます。

「集中できる」「集中力を発揮して目的を達成するのだ」と自分に言い聞かせるのです。

少なくとも、「集中できるだろうか?」「大丈夫かな?」「キツイなあ」「つまらない」「大変だ」などといったマイナスの言葉は、決して頭に浮かべてはいけません。

パイロットは、フライトの前には必ず、これから飛ぶフライトについて、イメージフライトというものを行なっています。

出発の準備から、乗客の搭乗、エンジンスタート、ターミナルから滑走路までの地上滑走、離陸、上昇、巡航、降下、進入、着陸、滑走路からターミナルへの地上滑走、スポットイン、エンジン・シャットダウン、乗客の降機という最終過程までを、連続的にイメージしていくのです。

この過程では、天候の変化やさまざまなトラブルもイメージして、どんな状況下でも、安全を最優先したうえで、定時性、快適性、効率性をどのように満足させていくかをイメージします。

このイメージフライトにおいても、当然、どこで、どのように集中力を発揮するか、集中力をどのように収斂させて着陸するかもイメージします。時には、音、光の明暗、色、揺れ、匂い、重力、加速など、五感も含めて具体的にイメージすることもあります。

地上でどんなにイメージフライトを行なっても、実際のフライトでは、そのとおりにはいかないことがほとんどです。

フライトでは、予期しないことが起こることもあり、イメージどおりの状況や環境とは限りません。同じ路線を飛んでも、毎回状況は異なります。

では、毎回状況や環境が異なるのだから、イメージフライトをしても無駄だと言って、イメージフライトを実施しなかった場合は、どうなるでしょうか。

行き当たりばったりのフライトになってしまい、当然、自分が納得するフライトはできないでしょう。もしかすると、安全が確保できないかもしれません。

仕事の前に、集中力を、どこで、どのように発揮させるかをイメージすることが、良い仕事の成果につながるのです。


私は、医療機関でも「リスクマネジメント」や「安全管理」などのテーマで講演をすることがあります。

その機会に、外科のドクターと話をした際、手術の前には必ず、これから行なう手術のイメージをしてから手術室に入る、と伺ったことがあります。

ドクターの話からも、どの職業であれ、自分がやろうとすることを事前にイメージすることは、集中力を発揮して、目標を達成し、目的を実現するためには、大事なことである、ということが理解できます。


集中力を発揮して、よい結果を実現するためには、効果的なイメージをする必要があります。その3原則は、次のとおりです。

①目的達成（ゴール）の姿を、より具体的にイメージする

②開始時点（出発点）から目的達成（ゴール）までの過程を、連続的にイメージする。その際、起こり得るイレギュラー（予期しない不測の事態）が発生した場合に備えて、複数の対処法もイメージする

③イメージは複数回、少なくとも2回以上は繰り返す

実際に仕事を開始すると、イメージしたとおりにはいかないことが多いものです。イメージしたことと異なる状況になったら、また、それから先のことを修正イメージしましょう。

ここで大切なことは、過去を引きずらないことです。前へ前へ、次へ次へとイメージをしていくことです。反省は、その仕事が終わってから、ゆっくりとやればいいのです。

◉誘惑を取り除く（勇気をもって捨てる習慣をつくる）

集中力というものは、特別な才能ではなく、動物としての人間がもっている、ごく当たり前の能力です。しかし、最近は、集中力を発揮するのが苦手だとか、集中力が長続きしない、という人が増えてきました。

このことは、現代人の集中力そのものが低下してきた、ということでは決してありません。ただ、現代は、集中力を妨げる要因が、昔と比べて桁違いに増えてきただけなのです。

ここ20年間ほどを見ても、携帯電話やインターネットなど、集中力を簡単に削いでしまうものが、ものすごい勢いで増え続けています。

溢れるばかりの集中力阻害要因と、その誘惑に囲まれて生きている現代人にとって、いかに誘惑に負けず、自分が決めた対象に打ち込んで集中できるかで、目標の達成、目的の実現の成果が大きく左右されます。

携帯電話、インターネットなどは、非常に便利なツールであることは間違いありません。しかし、その使い方によっては、犯罪も含めて、簡単に大きな害になる危険性はもとより、集中力を阻害する要因も、併せもっているのです。

集中して何かをやる必要があるときは、携帯電話やパソコンを手の届くところに置かないことです。あるいは電源を切って、その仕事や作業を終えるまでは、絶対に電源を入れないぞ、という強い意志が必要です。

パソコンで仕事をしているときは、インターネットを立ち上げたり、メールを開いたりしないぞ、という覚悟も必要です。

現代人にとって、集中して仕事をする環境づくりとは、誘惑を取り除くという、こんなにも簡単なことなのです。こうするだけでも、集中力発揮に大きな効果があるのです。あなたにはできますか？

◉優先順位、緊急性をつける

パイロットは、フライトという業務の遂行に際して、常にプライオリティー（優先性）の選定が厳しく要求されます。限られた空間、時間、リソースのなかで、安全で確実な運航（業務）を完遂するには、常に、優先順位と緊急性を考えて、業務をこなしていく必要があります。

一度に、あれもこれもやろうとしたり、緊急性の薄いことや、優先順位の低いことをやっていたのでは、限られた条件のなかでは、確実な仕事はできません。

今すぐやるべきこと、優先順位の高いことから、ひとつひとつ、集中してこなしていきます。緊急性の高いことと、優先順位の高いものとが一致しなかった場合は、まずは緊急性の高いもの、次に優先順位の高いものから実施していくことになります。

優先順位、緊急性を考えながら作業をすることにより、集中力も高まり、当然、確実に業務をこなすことができるようになります。

◉「間」をとる

昔の日本人は「間」を大切にしていました。私たちのおじいさん、おばあさんの時代までの日本人は、実に「間」のとり方がうまかったのです。絶妙の「間」がありました。

侍が、真剣をもって斬り合った場合には、「間合い」のとり方によって即、生死に結びついたほど、「間」は重要なものだったのです。

集中力を発揮するうえでも、「間」のとり方によって、その集中力の質が、大きく違ってきます。ひとつの例として、大相撲の、制限時間いっぱいまでの力士の様子を見ていると、それが十分理解できます。

人間の集中力の持続時間は、20分とか30分とか、あるいは1分前後であるなどと、いろいろな説があります。

パイロットの経験からすると、研ぎ澄まされた、密度の濃い集中力を注ぐことができるのは、数十秒から、せいぜい3分前後が精いっぱいであろうと思います。しかも、短時間の集中力にも、密度、質が微妙に変化します。

パイロットにとって、最も精神を研ぎ澄ませて、集中力を発揮する必要がある場面というのは、離陸の際の、離陸開始からV1（離陸決心速度）、そして離陸後の離陸安全速度までの数十秒間です。

着陸時は、地上500メートル付近から、滑走路の着陸地点に向かって、着陸誘導電波が収斂していくように、集中力の密度も、濃く収斂していきます。

このとき、滑走路からあまりに遠くの地点から集中力を出し切ってしまうと、地上100メートル付近から着地までの勝負どころの前に、集中力が途切れてしまうのです。

「間」「間合い」というものを考えて、自分をコントロールしながら集中するのと、そうでないのとでは、仕事の質が全然違ってきます。

忙しい現代人の多くの失敗例として、「間」をとらなかったために、生じた失敗があげられます。忙しい、時間がない、あれもこれもやらなければならない、と焦ってしまうことが多いのではないでしょうか。

物事を判断する場合や、携帯電話やパソコンの操作などで、2〜3秒でもいいから、ちょっと「間」をとって、考え、確認して、判断、操作することにより、間違いを相当防ぐことができるはずです。

車の運転でも、車と車の「間」、つまり車間距離をとらないために、衝突事故を起こしていることが、よくあります。

「間」をとらずに急いで、判断、操作をして間違ってしまうのと、ちょっと「間」をとって確認しながら、確実な仕事をするのとでは、どちらが良いでしょうか。

パイロットの仕事においても、急いで判断、操作をして間違った場合は、危険に近づいてしまうことがあります。

ノーマル・オペレーション（通常操作）では、「間」をとりながら、ひとつひとつ確実に操作をしていくことに、注意力・集中力を使っています。トラブルや緊急事態が発生した場合は、逆に迅速に対応しないと、手遅れになってしまいます。

このように、「平時においては、ちょっと『間』をとり、緊急時には迅速な対応」が、「間」のとり方のポイントです。

◉自律心

自律心も、集中力の発揮と大きな関係があります。自主的に何かをやるのと、人から言われてやるのとでは、必然的に、集中力に大きな差が出てきます。

子どもが、無心に遊びに集中しているのは、親からこれをやりなさい、あれをやりなさい、と言われてやっているわけではありません。自分でその遊びを見つけて、自らやっていることです。だから、ものすごい集中力で遊んでいられるのです。

集中力という視点から見れば、大人だって、全く同じことが言えます。

社会人になると、必ずしも、自分が好きなことや、興味のあることばかりをやるわけにはいきません。むしろ、仕事のほとんどは、好き嫌いにかかわらず、会社から与えられたことをやることになります。

会社での仕事を、やらされているという気持ちでやれば、集中できるときもあれば、できないときも出てくるでしょう。

では、やらされているのではなく、自律心をもって、自らの積極的な気持ちで、集中力を発揮するにはどうしたらよいでしょうか。

そのひとつの方法として、「会社や国が自分に何をしてくれるか」ではなく、

「自分は会社や社会、国に何ができるか」という発想で仕事をするのはどうでしょうか。

このような発想の転換により、自律心が芽生えてきて、自ずと集中力も高まってきます。そして、何が起こっても、「自分は運が良い」「～だから良かったのだ」という捉え方で感謝できるようになります。

たとえ災難に遭ったり、大きな失敗をしたときでも、「この程度で済んでよかった」「死なずに済んだ」「これは、自分を鍛えるために起こったことだ」という捉え方ができるようになれば、しめたものです。

私は、細川護熙氏が首相に就任する10か月ほど前に、氏の講演を聴く機会がありました。

その講演で細川氏は、自分が日本新党を立ち上げたのは、ケネディ大統領がアメリカ国民に対して行なった演説を思い出して、奮い立ったからだとおっしゃっていました。そして、その演説は、「君たちに問う。国が君たちに何をしてくれるかではなく、君たちが国に何ができるか」というものだと。

私は、この講演がきっかけで発想が変わり、自律心が湧いてきたのです。

◉自分をコントロールする

集中力は、まさに自己コントロールそのものです。

人間は誰でも、こうすれば良くなる、こうすればいい、ということは分かっています。しかし、分かっていることと、できることとは、別問題であるのも事実です。

分かっていることを、確実に実行できたら、みんながスゴイ人になれます。スゴイ人、一流の人と、そうでない人との違いは、どれだけ自分をコントロールできるかどうかの差でもあります。

集中力の差は、自己コントロールの差です。どれだけ、集中力を阻害し、散漫にする誘惑要因をはね除けて、自分をコントロールできるかどうか、であるとも言えます。

余分なものを捨てる勇気や覚悟をもって、自分をコントロールすることを、何度も続けているうちに、いつの間にか、集中力がついてくるものです。

集中力を発揮するために、自分をコントロールすることが身についてくると、自分の安全も健康も、さらに年齢だって（戸籍上は別として）、自分でコントロールできるのだという自信がついてきます。

◉柔軟性

集中力と言うと、針や錐で小さな穴を開けるようなことを想像しがちですが、実際は、そんなに肩に力の入った硬いものではありません。

むしろ、肩に力が入るような集中の仕方ではなく、時、場、状況に応じた力の入れ方が問われる、柔軟性をもったものです。

◉ストレスに対する免疫力

集中力を発揮する際に、ストレスとの付き合い方も、大きく影響することがあります。

ストレスは、集中力を発揮するために、なくてはならないものです。ストレスによる適度な緊張感が、集中力を発揮させてくれるからです。

しかし、それを溜めてしまったり、ストレスが大きすぎると、それが気になり、阻害要因となって集中できなくなります。

ストレスは、不平・不満や不安からくるものです。逆に、感謝はストレスを解消してくれます。

フライトの出先で客室乗務員たちとの食事中に、「生きているだけでも幸せ」

と言ったところ、「キャプテンは悟りを開いたお坊さんみたい」と驚かれたことがあります。決して悟りを開いているわけではありませんが、何も禅寺に籠って座禅をしなくても、悟りに近い境地になることはあります。

たとえば発展途上国で、食べるものもなく死んでゆく子どもたちの、悲惨な姿を目にした瞬間、「生きているだけでもありがたい」という気持ちになります。

地球上には、このように悲惨なことが、現実として、いくらでもあります。こうしたことに想いを馳せるだけでも、不平不満など吹っ飛んでしまいます。「生きているだけでも本当にありがたい」と。

そう考えるようになってから、ストレスを持ち越すことは、ほとんどなくなりました。毎年、胃カメラの検査を行なっていますが、医師から「小林さんの胃は全くキレイですが、ストレスがないのですか？」と言われるほどです。

◉五感を研ぎ澄ませる

集中力も、もとは本能です。集中力が働いているときは、五感もよく働いています。集中力は、理屈より、むしろ感性、本能的なものなのです。

五感を働かせて、集中力を発揮するには、常日頃から、五感を使った生活を送ればいいのです。

技術が進歩して、便利な世の中になればなるほど、五感を使わなくても、生活ができるようになってきています。五感を使う機会が薄れてきているとも言えます。

こうした環境下では、集中力や五感を磨くには、意識して五感を使う生活を心がけることです。その気になれば、いくらでもできます。

朝夕の光の変化や、空の色合いの変化を楽しむ。庭先に季節の移ろいを楽しむ。そこはかとなく漂ってくる花の香り、薄味の中にある微妙な味の違いを感じるなどなど。

五感をフルに使って生活を楽しむには、四季の変化が豊かな日本は、世界のなかでも最も恵まれた環境条件にあると言えます。

「五感活き活き生活」を味わって、楽しむことにより、感性が磨かれ、直観力も高まり、ひいては決断力も身についてきます。

危機に遭遇した際に、生き残れるかどうかは、理屈ではなく、研ぎ澄まされた感性や本能なのです。

◉目の訓練、耳の訓練で集中力アップ

一般に情報は、目からが70～80パーセント前後、耳からの情報が15パーセント前後と言われています。

特にパイロットは、目と耳からの情報をいかに処理するかで、操縦技術、運航の成否、ひいては安全性にも影響してきます。パイロットは、視力、聴力の維持はもちろんのこと、目と耳からの情報処理のために、研ぎ澄まされた集中力が求められるのです。

私は60歳を超えても、半年毎の厳しい航空身体検査で、視力、聴力ともに20～30代と同じレベルを保っており、今でも眼鏡を必要としません。40代の半ばに、近くの文字が読みづらくなったことを契機に、視力トレーニングを毎日続けてきた結果、老眼にならずに済んでいます。

その訓練法のひとつとして、近くと遠くを交互に見て、瞬間的に焦点を合わせて、目の筋肉をほぐすということをしています。

また、電車のなかで立っているときに、駅の反対方向ホームにある広告に書かれている電話番号を1秒間で覚えたり、運よく座ることができたときは、前の座席を1秒間見て、何人座っていて、そのうち女性が何人で、男性が何

人か、あるいは年齢構成はどうか、といったことを視認する訓練もしています。

車を運転しているときは、計器板の速度計と遠方の景色を交互に見て、瞬時に焦点を合わせる訓練もしています。

耳に関しては、これも電車のなかで、物音だけを拾って聞いたり、女性の話し声だけ、男性の話し声だけを聞き分けたり、声だけで年齢層を判断する、といった訓練もします。

これらの訓練には、瞬間的な研ぎ澄まされた集中力が必要です。こうした訓練は、視力、聴力の維持だけでなく、瞬間的に集中する、集中力の訓練にも役立っているのです。

◉環境を整える

集中力は、自分をとりまく環境にも、左右されることが多くあります。集中力を発揮するには、環境に関しても、その阻害要因を排除すれば良いのですが、実際には、至るところに阻害要因が存在します。

阻害要因にも、自分では排除できないものと、排除できるものとがあります。あるいは、その影響を軽減することができるものもあります。

部屋の温度や湿度などは、軽減をしたり調整したりできるもののひとつです。暑すぎたり、寒すぎて集中できないときは、温度調節をしたり、快適な部屋や場所に移動するなどの工夫をして、集中力を発揮する環境をつくりましょう。

◉習慣化する

人間は習慣の動物である、と言われているように、集中力も習慣によって徐々に身についてくるものです。

まず、「集中するのだ」と自分で決めてしまいます。そして、阻害要因を、できるだけ排除します。また、注意散漫となるような誘惑に打ち克つことを、少しでもいいから始めてみます。

最初の頃は、すぐに気が散ってしまったり、集中が持続しないことが多いでしょう。自己採点をしてみても、50点にも満たないで、がっかりすることだってあるでしょう。それでもいいのです。

とにかく、あきらめないで続けることです。そのうちにコツも分かり、また、段々と集中する習慣ができてきます。

何事もそうですが、集中力もスキルなのだ、習慣であるのだ、という認識に立って、習慣化するまで、あきらめないで続けることです。「継続は力なり」が、ここでも活きてきます。

◉時間の捉え方、使い方で集中力を高める

「仕事は忙しい人に頼め」と、よく言われているように、集中力は、時間と深い関わりがあります。

忙しい人というのは、一般に時間管理がシビアで、時間を有効に使っています。短時間のうちに、いくつもの課題や仕事を的確に処理するには、どうしても集中力を発揮する必要があります。否応無しに、集中力を発揮しているのです。

世の中には、不公平なことが多くあるものです。生まれながらにして裕福で恵まれている人がいる一方で、貧しく、複雑な家庭に生まれる人もいます。人は、それぞれ異なる条件を背負って生きています。その条件には、不公平なことがいっぱいあるのも、現実です。

しかし、「時間」という資源（リソース）だけは、人種、性別、年齢、職業、地位、出生などにかかわらず、すべての人間にとって唯一、全く平等な資源です。

この、すべての人間に平等に与えられている、時間という資源の捉え方、使い方で、人生の成果に大きな差が生じてきます。

時間の使い方は、集中力の使い方に比例します。集中力の使い方が、人生の成果に大きく影響することにもなるのです。


時間を有効に使い、集中力を発揮する時間の使い方として、「早朝は黄金時間、午前は銀の時間、午後は銅の時間、夜は明日のための休息、ストレス解放の時間」という捉え方があります。

朝型人間の生活パターンのほうが、集中力を発揮できます。朝は空気も澄んでおり、頭のなかもまだ情報はほとんどなく新鮮で、集中力を阻害するものも少ないという利点があります。

さらに、朝日を浴びることができて気分も爽快です。朝日を浴びると、良質な睡眠に必要なメラトニンというホルモンが分泌しやすくなり、夜には熟睡できるようになります。

朝型の良い点として、何よりも規則正しい生活になり、健康の維持増進にも役立つということもあげられます。

朝型人間になるためには、夜更かしは禁物です。どんなに遅くても、深夜零時前には就寝するように心がけましょう。

また、私は国際線のパイロットとして、いろいろな方から「時差調整はどのようにしていますか？」という質問をよく受けます。

時差調整には、３つのパターンがあります。①徹底して日本時間で過ごす。②眠くなったら寝る。③現地の時間で過ごす。この方法のいずれを選ぶかは、人それぞれです

私自身は、３番目の方法で時差調整をしています。自分を、現地の時間に強制的に合わせるのです。さらに、現地時間の早朝に起床して、散歩をしたり、パソコンで仕事をすることにしています。

さらに、限りある資源、平等に与えられた資源としての時間を有効に使い、かつ集中力を高める手段のひとつとして、隙間の時間や、細切れ時間の有効活用があります。各スケジュールの谷間の時間、電車を待つ間、電車に乗っている時間などを活用すれば、より多くのことができます。

たとえば、隙間の時間には、目や耳の訓練、イメージ訓練、思いついたことをメモ用紙に書くことなどをしています。

満員電車では、目や耳の訓練の他に、ひと駅ごとに左右の足を替えながらつま先立ち、かかと立ちをして脚の筋力トレーニングや、バランス感覚のトレーニングなどもしています。

車は燃料切れになっても、そこで止まるだけです。しかし、飛行機は燃料がなくなったら墜落します。パイロットは常に残存燃料、すなわち、飛んでいられる時間をチェックしながら運航しています。

飛行機に乗って移動するのは、車や鉄道、船より速く目的地に行けるからであり、乗客は「時間を買っている」のです。

パイロットが一般の職業に比べて、集中力の発揮の仕方がうまい、スゴイと言われるのは、数百名の尊い生命をあずかっている、という使命感があることはもちろんですが、常に時間というものを意識して仕事をしていることも、大きな要因のひとつです。

そして、フライトに関わるすべての業務を、出発の時間、あるいは到着の時間から逆算して、それぞれの仕事、手順、操作、打ち合わせなどに時間の制限をつけて実施しているのです。

このように、一般の仕事でも常に時間を意識して実施すれば、必然的に、集中力を発揮せざるを得なくなるはずです。

元来、時間は、人生において最も大切なファクターであるはずです。生まれてから死ぬまでの時間は、「命」そのものです。

自分の命の使い方は、すなわち自分の時間の使い方でもあります。一度しかない人生です。何億人もの兄弟姉妹を代表して、奇跡的な確率で、この世に生まれてきたのです。尊いこの自分の命を大切にしたいものです。

それには、時間というものをもっと意識しましょう。そうすれば、自然に、集中力を発揮せずにはいられなくなります。

身近な人の死に直面したときには、誰でも、命の大切さを痛感します。時間が有限であることも実感します。

自分が、今まで時間をいかに無駄に使っていたかに、気付かされるときです。目的意識が薄く、時間に流されていたことを、知らされる瞬間でもあります。

◉与えられたことを感謝して、まずやってみる

天命、宿命、運命というものがあります。天命や宿命は、自分ではコント

ロールできません。しかし、運命は、自分の考え方、物事の受けとめ方、行動の仕方によって、かなりの部分を自分でコントロールできるのです。

人生には、自分でコントロールできるものと、できないものがあります。コントロールできるものでも、ある部分はコントロールできるが、それ以外の部分は自分ではコントロールできない、というものもあります。

日々の生活や仕事についてみても、起こってしまった過去のことや、与えられたことはコントロールできません。しかし、それをどう捉え、どう活かすかは、自分でコントロールできます。

起こったこと、今あること、与えられたことを、「いやだ」「不満だ」と思ったら、集中力を発揮することなどできません。

逆に、「~だから良かった」「ありがたい」という発想に転換すれば、気分も明るくなり、行動も積極的になって、自然に集中力も発揮され、結果もうまくいく確率が高くなります。

目の前にあることを、どのように捉え、どう行動するかによって、運命を自分で変えることができるのです。運命は「自分が運ぶのだ」という考え方が、自分を良い運命に導くのです。

良い運命を運ぶためには、感謝する習慣を身につけることが大切です。その方法として、人生を、棺桶に片足を突っ込んだ瞬間（死の瞬間）から現在まで、逆順に俯瞰してみることをお勧めします。

天命を全うしたと仮定して、その時点から今の自分を眺めてみれば、どんなことでも、たとえ今は逆境と思われることでも、それが自分を磨き、強くする貴重な経験だと思えるはずです。

また、ジャンボ宝くじで3億円が当たる確率より遥かに低い確率で、何億人の兄弟姉妹を代表して、この世に生まれてきたことを考えれば、生まれてきたこと自体が、ありがたいと思えるはずです。

何か悪いことが起こった場合でも、発想を転換して「〜だからありがたいのだ」と感謝できれば、自ずと目的に向かって集中力、行動力も湧いてきて、やがて良い方向に向かいます。感謝の気持ちは、集中力発揮の貴重な栄養剤です。

◉集中力アップのキーワード

「はじめに言葉ありき」という格言があるように、人は自分が発した言葉や、他人から受けた言葉に影響されるものです。自分が発した言葉は、自分の行動にとって、自分が考えるより、遥かに大きな影響を与えます。

したがって、集中できるキーワードを自分に言い聞かせることは、集中力アップの手助けとなります。その例としては、次のようなものがあります。

①面白い、好きだ、興味がある
②目標、目的
③自分をコントロールする
④今、ここ（Now! Here!）
⑤感謝、感激、感動
⑥快適、安全、安心
⑦褒められる、評価される
⑧自己実現

これらのひとつでもいいですから、自分に言い聞かせてみてください。きっと、その効果があります。

Chapter 5

集中力を発揮する際の落とし穴

◉集中力とヒューマンエラー

集中力というのは、意識や行動を目的に向かって集中し、よい成果を生むための必要な条件です。

その反面、注意力やリソース（資源）を集中したもの以外のものが見えなくなったり、周囲の変化に気付くのが遅れてしまうことがあります。

特に、一点集中の際に、思い違い、錯覚、勘違いなどのヒューマンエラーを起こしやすくなる、という落とし穴があります。

一点集中は、集中度が深く、密度も濃く、能力を発揮するには大変効率的です。しかし、集中すべきものを間違ってしまっていても、集中度が深いだけに、それに気付くことが難しいということがあります。

また、集中すべきものが、正しく合っている場合でも、作業の途中で、思い違い、錯覚、勘違いをしても、一点に集中しているために、間違いをチェックする情報がなく、なかなかそこから抜け出せないこともあります。

それ以外にも、一般にヒューマンエラーには、次のようなものがあります。

①一点集中による思い込み・錯覚・勘違い
②コミュニケーションエラー
③「急ぎ」症候群、多重作業
④動作・作業の簡素化（近道本能・省略本能）
⑤単調反復動作・作業による意識低下
⑥危険軽視・うっかり・慣れ・馴れ・狎れ
⑦睡眠不足・疲労・疾病・飲酒
⑧緊急時の慌て・パニック
⑨年齢による機能低下

航空機の運航で、管制官とパイロットとのコミュニケーションは、安全の確保にとって重要な項目ですが、時々「管制指示違反」という報道を見かけることがあるかと思います。

航空機の運航では、車の道路交通違反と違って、故意に違反することなどはあり得ません。

「管制指示違反」は、管制官とパイロットとのコミュニケーションの不具合によって、結果的に管制官の指示内容と、パイロットが理解して行動した内容が、一致しないために起こるものです。

集中力を発揮しようとする際には、こうしたリスクをあらかじめ意識して、落とし穴に落ちることのないよう、複数の情報で確認するなどのリスクマネジメントを実践することも大切です。

特に、うまくいっているときほど注意が必要になります。

◉落とし穴に陥らないために

集中力を発揮する際に、ヒューマンエラーという落とし穴に陥らないためには、適宜「鳥の眼」「虫の眼」「魚の眼」で情報収集し、「心眼」で重要度を把握することが大切です。

動物たちの眼は、人間の眼の何倍から何百倍もの機能をもっています。人間の眼が動物たちに比べて優れている点は、必要に応じて、鳥の眼、虫の眼、魚の眼を使い分けることができるということです。さらに、動物たちにはない、心眼というものがあります。

鳥の眼は、大空から鳥瞰するように大局を把握する眼です。虫の眼は、足元の小さなものや微かな変化を読み取る眼です。魚の眼は、魚たちが川の流れや潮の流れを読んで生きているように、全体の流れを読む眼のことです。

そして、物事の本質や、今いちばん大切なことは何か、という重要度を見極める眼は、人間にしかない心眼です。

集中して仕事や作業をしているときは、この4つの眼を適宜使い分けることで、ヒューマンエラーという落とし穴に陥らずに、集中力を発揮して、良い成果をあげることにつながります。

Chapter 6

どうしても集中できないときは

生身の人間である以上、いくら集中しようと思っても、気が乗らない、気が散って集中できない、根気が続かず集中力が持続しない、ということは誰にもあります。

そのようなときはどうしたらよいのか、その対処法を考えてみましょう。

◉集中できない要因を探す

「さあ、これから集中してやろう」と思っても、なかなか集中できない要因には、次のようなものがあります。いずれも、これまでに何度も説明してきたことですが、改めてあげておきます。

①睡眠不足
②疲労
③心配事
④雑音
⑤差し迫った目標や目的がない
⑥時間が有り余っている
⑦身の周りに気を散らすものがある（携帯電話、テレビ、パソコンを立ち上げていてメールやインターネットをすぐに見ることができる）
⑧気温、湿度などの環境要因

また、一旦集中して始めたのに、すぐに気が散ったりして長続きしない要因として、もうひとつ、次のことが追加できます。

⑨緊張しすぎて、緊張感に強弱、緩急がない

◉集中できない要因が分かったら

まずは、排除できるもの、遠ざけることができるものは、自分の身の周り

から切り離します。

温度、湿度などの環境要因で調節できるものは、快適になるように調節します。

睡眠不足や疲労の蓄積など、その時点では避けられないことについては、状況が許すならば、5〜10分休憩をとって、気分転換をしたり、仮眠をします。この5〜10分という時間は決して、無駄な時間ではありません。リフレッシュの時間は、成果をあげるための必要時間と考えましょう。

ここで大切なことは、そのまま無理に集中しよう、頑張ろうとすると、焦りが出て、さらに集中できなくなってしまうということです。5〜10分の時間を捨てることによって、その後の時間が活きてくることもあるのです。

◉時間があり余って集中できないときは

集中力と時間とは、深い関係にあります。ひとつの仕事を仕上げるために、特に決まった期限がない場合や、期限があっても、それがあまりにも先のことだと、集中して事にあたれないのは人の常です。

このような場合に集中力を発揮するには、自分で期限を決めてしまいます。あるいは、仕事の処理を、長期、中期、短期に因数分解します。まず短期目標について、それを確実に期限内に仕上げてみる。次に中期を、そして長期を、と区切りをつけて実行します。

また、自分が集中力を発揮して、その仕事や作業をしている姿をイメージしてみます。目標を達成し、目的を実現した姿もイメージします。良い成果を出したときの、壮快な気分をイメージしてみます。

こうしたイメージを繰り返すことは、時間が有り余って集中できない場合に、集中力を発揮する推進力になります。是非、やってみましょう。

◉緊張感に強弱、緩急がないときは

時間がありすぎて集中できないケースとは反対に、時間に追われてしまい、焦ったり緊張しすぎて、かえって集中できない、ということもあります。

また、長時間緊張が続き、結果として、思考の柔軟性がなくなって、集中力が発揮できないこともあります。

このようなときは、必ずと言って良いほど、肩に力が入りすぎています。その対処法としては、下腹に力を入れてみます。そうすると、肩の力が抜けて、集中力が戻ってくることがあります。

また、同様に、視野も狭くなっています。ちょっと外の景色を見てみる、

空を仰いでみると、凝り固まった視野が急に広がります。

「時間がない」と焦るときは、あれもこれもやらなければと思ってしまいます。完璧にやろう、よく思われよう、としている場合が多いのです。

しかし、自分が思っているほど、他人は自分のことなど気にしていないものなのです。

他人の目など気にせず、今いちばん大切なことは何か、そのいちばん重要なことをキチンとやれば80点だ！　という思い切りの良さが、集中力を生み出します。

また、長時間、同じテンション（緊張感）で集中していると、自分では集中力を持続していると思っていても、実は、その密度は下がってきています。

人間の集中力には、限度があります。自分では集中してやっているつもりでも、気が付かないうちに注意力も、集中力も、低下しています。

どんな仕事でも、そのときの状況や時間の推移によって、緊急度や重要度に変化があります。集中力を発揮するタイミングも、度合いも当然異なります。

集中力にも緩急をつけて、勝負どころ、大切なところで集中力を発揮するように、自分をコントロールする習慣をつくっていくことが大切です。

◉何をしても集中できない（集中力が続かない）ときは

何をしても集中できない、集中力が続かないというような場合は、誰にだってあることです。

このときにいちばん大切なことは、今、自分には集中力がないのだ、ということを認識して、泥臭く手堅く、ひとつひとつこなすことです。

決して100点満点は狙わないことです。ただ、今の自分の調子、状況でも、許容範囲の合格点だけは絶対にとるのだ、というしぶとさがあれば、それで十分です。100点満点は、状況がいいときに目指せばいいのです。

あるいは、すれすれの合格点すらとれないと判断したら、その場はあきらめて、この時間は捨てる覚悟をすることも、時には必要です。そして、この苦い、悔しい、歯がゆい思いを、次に活かすエネルギーに変換するのです。

転んでもただでは起きないという貪欲さと、捨てる覚悟、思い切りの良さが、長い目で見れば大切になります。

このように、集中力を身につけていこうとするなら、捨てる覚悟や思い切りの良さが必要です。

徳川家康は「戦は六分の勝ちをもってよしとする」という哲学で、最終的に天下をとりました。私たち凡人の人生においても、「全部勝たなくてもいい。

時には60点でもいい」という、覚悟や思い切りの良さをもって事にあたれば、最終的には、いつの間にか、勝者となっていることさえあるのです。

Chapter 7

集中力とその周辺力

◉集中力とストレス

ストレスとの付き合い方によっては、集中力を発揮できる度合いに大きく影響します。

世の中に存在するすべてのものには、絶対的な価値があります。それがプラスに作用するかマイナスに作用するかは、焦点の当て方、目的に合った使い方、そのものがもつ特徴を活かした使い方次第です。

ストレスも、それ自体は大切なものです。集中力を発揮するためには、強い目的意識、使命感、時間制限などの緊張感といったストレスが必要です。緊張感をもたないで、仕事や作業をした場合には、集中力を発揮することは容易でなく、また、ヒューマンエラーも生じやすくなります。目的を達成することなど、とてもできません。

しかし、強い緊張感をもち続けたり、過度に緊張したりすると、ストレスも必要以上に高まってきます。ストレスが過度に高くなると、視野が狭くなり、柔軟性も失われてきます。

そして、緊張感が足りないときと同様に、やはり、ヒューマンエラーを生じる可能性が出てきてしまいます。こうした状態では、効率的な集中力を発揮することなどできなくなります。

ストレスが徐々に溜まってきた場合も、同様な症状が現れてきます。また、ストレスが溜まってくると免疫力も低下して、体調にも影響し、その結果、集中力、注意力も低下してきます。

日常生活において、ストレスが溜まってきているかどうかは、次のようなシグナルに気付くことによって、自分でも判断できます。

①集中力が低下したり、持続しなくなる
②注意力が低下したり、散漫になる
③落ち着きがなくイライラする

④不平・不満などのマイナス思考になる
⑤食欲が落ちたり、逆に大食いするようになる
⑥酒やタバコの量が増える
⑦夜寝つきが悪くなる、よく眠れない
⑧肩こりや頭痛がする
⑨姿勢が悪くなる

ストレスコントロールでいちばん重要なことは、ストレスにも緩急をつけることです。そして、溜めないことです。集中力は捨てる技術でもありますから、ストレスを捨てる工夫をしましょう。

不平や不満を抱いたり、嫌な気持ちで仕事をしていたのでは、ストレスは段々と溜まってきます。逆に感謝の気持ちや、仕事が楽しいという気持ちで臨めば、ストレスは溜まりません。

夜お風呂に入って、その日の出来事を振り返りながら、「～だから良かった。ありがたい」と感謝すると、ストレスは、お風呂の湯気とともに消えてしまいます。

究極のストレス解消は、「あぁ、今日も一日、生きていて良かった」と感

謝することです。それができるようになれば、しめたものです。ストレスなど完全に消えてしまいます。

発展途上国に行くと、今日食べる物を必死に探し求める親子や、栄養失調で餓死している子どもの悲惨な姿を目にすることがあります。こんな光景に出くわすと、日本人は、何と恵まれているのだろうと思ってしまいます。

日本人も、第二次大戦後の昭和20年代から30年代の前半頃までは、「生きる」ことに必死で、ストレスを感じたり、ノイローゼになる暇など全くありませんでした。ストレスに負けてしまう、ということは、まだ、それだけ余裕があり、贅沢なことだ、とも言えます。

ストレスが溜まってきたというシグナルを感じても、「自分は、ストレスが溜まるほど贅沢な環境にあるのだ。ありがたい」と思ってみれば、その瞬間に、ストレスなどすっ飛んでしまうかもしれません。

集中力を発揮しようとするならば、ストレスとの付き合い方にも、工夫をすることです。

◉集中力とEQ

集中力は、ＩＱ（Intelligence Quotient：知能指数）より、むしろ、ＥＱ

(Emotional Quotient:情動指数、心の豊かさ、柔軟性)と深い関係があります。

集中力を発揮するには、はっきりとした目標、目的意識をもち、いつ、どこで、どのような状況下で自分の能力を使うかを判断し、その目的に向かって自分をコントロールする能力が必要です。これは、頭がいいとか、優秀であるというよりも、心の豊かさ、柔軟さ、自己コントロールの強さに関係します。その意味でも、集中力はEQそのものなのです。

IQは、生まれながらの先天性の度合いが大きいのに比べて、EQは、そのほとんどが後天的な要素からなります。本人の努力、習慣、指導、環境などにより、何歳になっても伸ばすことができるという特徴をもっています。したがって、集中力も生まれながらのものではなく、本人の心がけ、努力、工夫次第で、いくらでも向上させることができるのです。

小・中学校から高校、大学、そして就職までの過程は、記憶力、分析力などの知能的な能力(IQ)による部分が大きかったことでしょう。しかし、一旦社会に出てからは、あらゆる場面で、EQが課題となってきます。

一般に、業績の75パーセントはEQで決まるとも言われています。実際に、いろいろな経営者の話や、私が多くの人を見てきた経験からも、会社に入って伸びる人、いい仕事をする人は、頭がいい人よりも、むしろ心の豊かな人（EQレベルの高い人）です。

これは、当然と言えば、当然です。集中力は自己コントロールに他なりません。自分をコントロールするということは、EQを構成する重要なスキルのひとつなのです。

会社組織のなかで仕事をするには、自分一人の力だけではなく、さまざまな人とコミュニケーションをとりながら、協力していかなければなりません。こうした社会的能力は、みなEQを構成するスキルです。

集中力を発揮するには、目的、目標を定め、それを実現するために、何を最も大切にして、何をしたら良いかをしっかりと把握します。目的、目標に向かって自分の意識、能力を集中して、モチベーションを維持しながら、最終的に目標を達成し、目的を実現するという、この一連の過程には、EQが常に関わっています。

このように、集中力と深い相関関係にあるEQですが、それは次の5つのスキルから成り立っています。

①自己認識

自分の役割は何か、自分がどういう性格の人間であるか、今自分はどういう状況にあるのか、健康状態、疲労度、心理状態はどうか、といった、自分を客観的に認識するスキル

②自己統制（自分をコントロールする力）

どれだけ自分を目的に向かってコントロールできるかというスキル

③モチベーション

目標、目的を明確に把握し、あるいは使命感、自己実現欲、情熱をもち続けるスキル

④共感性

周りの人と情報を共有し、協力して仕事をするスキル

⑤社会性

ソーシャルスキル、コミュニケーションスキルとも言い、情報、意思を正確に伝え合い、協調していくスキル

ＥＱもスキルである以上、訓練・習慣でいくらでも向上します。集中力は、いかに自分をコントロールするかという、ＥＱを構成する自己コントロール

のスキル（②）でもあります。

ＥＱを構成するスキルは、専門技術のスキル（テクニカルスキル）と同様に、日頃の心がけ、取り組む姿勢、訓練、習慣によって向上させることができるのです。

集中力を高める訓練、努力、工夫を続けることは、同時に、社会人にとって、仕事の成果をあげ、業績向上、自己実現のために必須のＥＱの向上にもなります。

◉情報力と集中力

現代社会は情報に溢れています。しっかりとした主体性をもっていなければ、あっという間に情報洪水に流されてしまいます。注意力散漫になり、集中力を発揮できないばかりではなく、自分を見失ってしまう危険性さえ孕んでいます。

自分の目的を実現するために集中力を発揮する際、主体性をもって、情報とどのように対峙し、どのように情報を活用するかが重要となってきます。

今の時代は、本人次第で、いくらでも情報力を高めることができます。そして、情報は、とりにいった人のアンテナの感度次第です。

アンテナの感度を磨くには、目的意識や興味をもつこと、そして学び続けることが大切です。

また、「鳥の眼」「虫の眼」「魚の眼」で、バランスよく物事を見る習慣が大切です。そして最も大切な眼は、人間しかもち得ない、「心眼」という本質を見極める眼、いちばん大切なことを常に把握する眼です。

パイロットは、鳥の眼でアウトサイド（外界）を見て、虫の眼で計器をスキャンし（見る）、魚の眼でトラフィックフロー（他の航空機の流れ）を読んで飛んでいます。そして、心眼で、今いちばん重要なことは何かということを把握しながら飛んでいるのです。

そして、必ず複数の情報で、物事を判断する習慣をつけましょう。情報収集も、五感すべてを使って行ないます。見る、聞くだけではなく、匂い、感触、味もすべてが情報となり得るのです。

情報は、収集することが目的ではありません。収集し、分析し、それを活かすことが目的です。

情報には絶対的な価値があり、重要なのは焦点の当て方、使い方です。危機管理にはマイナス情報に焦点を当て、自分も含めて、人の育成にはプラス情報を探して、それを伸ばすことです。これは、意識して取り組まないと、逆をやってしまいがちです。

人間の知能には、形式知、身体知と暗黙知とがあります。しかも、そのどれも、完璧なものはひとつもありません。それぞれが、互いの欠点、不足を補い合いながら、その人の全体知を構成しているのです。

生き抜くためには、知識より、むしろ暗黙知（知恵）が大切です。知恵は、経験によって身についたり、「なぜ？」を自分の中で繰り返したり、他人に質問をすることによって身についてゆくものです。

また、先人たちが遺してくれた古典は、暗黙知の宝庫でもあります。マニュアルや規定類も、暗黙知を形式知化したものですから、そこに書いてあることが、なぜそう書かれているか、という点に集中力を発揮して考え、「ああ、そうか！」と気付いたとき、それが自分の暗黙知になるのです。

ただし、マニュアルも規定類も、現状、実状に合わなくなっている場合もあるので、常に見直しも必要でしょう。

また、目と耳からの情報収集も、目的意識をもって行なうことにより、集中力を高めます。情報は目から70～80パーセント、耳から15パーセント入ってくると言われています。ただなんとなく見たり聞いたりするのではなく、目的意識をもって見る、聞くことにより、目、耳の機能が維持・向上します。

このように、見たり聞いたりする場合にも、目的をもってすれば、視力、聴力の訓練になるばかりでなく、集中力の訓練にもなるのです。

◉集中力とリスクマネジメント・危機管理

日本人は、欧米人に比較して、リスクマネジメント、危機管理が不得意、甘いと言われています。

この分野においても、何にリソース（資源）、能力、注意を重点的に配分するか、という集中力の使い方次第で、その成果も大きく違ってきます。

リスクマネジメントは、①未然防止、②被害局限対応、③回復、④事後処理・再発防止、という一連のマネジメントです。

危機管理は、危機に対する未然防止と、実際に危機に遭遇した際に、致命的な被害を招かないための「生き残り」の被害極限対応で、リスクマネジメント体系の一部と捉えることもできます。

リスクマネジメントも危機管理も、未然防止に最も注意力を注ぐことが大切です。その未然防止のなかでも、最も集中力を発揮すべきことは、「愚直なまでに基本、確認行為の徹底」です。

一般に、どの産業、職種においても、事故やトラブルの要因の80パーセント以上に、ヒューマンファクター（人的要因）が関与しています。しかも、そのヒューマンファクターの80パーセント前後に、基本や確認行為からの逸脱が関与しています。

つまり、事故やトラブルの要因の64パーセントが、誰でもできる、基本的な作業や確認を怠ったことが関与していることになります。したがって、基本、確認を徹底すれば、少なくとも事故やトラブルの半分以上は、未然に防ぐことができるのです。

基本や確認は、簡単なことであるだけに、1回や2回、あるいは10回くらいは誰にでもできます。

しかし、100回、1000回、あるいは、1年中確実に実行するためには、余程、自分をコントロールして、基本、確認行為という、やさしい行為を忠実に実行することに、集中力を発揮して取り組まないとできません。

「ちょっとやりすぎじゃない？」と言われるくらいに、愚直に、基本・確認行為に集中力、注意力を発揮してはじめて、未然防止を確実なものにできるのです。

一流の人というのは、決して難しいことをやってのける人ではなく、誰にでもできる当たり前の基本的なことを、人が見ていても、見ていなくても、集中力をもって、非凡なまでに確実に実行し続ける人でもあるのです。

リスクが顕在化したときや、危機に遭遇したときに、被害が拡大しないよう、致命的なことにならないようにする「被害局限対応」で大切なことは、決して完璧なこと、100点満点を狙わないことです。

リスクが発生したときや危機に遭遇したときは、迅速な対応が求められます。限られた時間、リソースで被害を局限に止めて、最悪の事態を防ぐには、他のことは全部捨てて、最悪の事態を避けるという最重要課題に絞って、集中力を発揮することが、最終的に生き残れる秘訣です。

2009年1月にニューヨークのハドソン河で起きた、「ハドソン河の奇跡」と呼ばれる航空機事故の際に、チェズレイ・サレンバーガー機長がとった決断が、それを証明しています。

被害局限対応で、もうひとつ忘れてはならない重要なことは、トラブルが発生した際に、組織の全員が、そのトラブル処理に集中してしまうと、ルーチンワーク（日常の通常業務）に抜けが生じてしまい、また新たなトラブルや二次災害が発生する可能性が出てくるということです。

トラブルが発生した場合でも、必ず誰か一人は、トラブル処理とは無関係に、日常業務のモニターに集中することが大切です。

飛行機の運航においても、昔から「Fly First（操縦第一）」とか「誰か一人はフライトウォッチ」ということが厳しく教えられています。

「回復措置」においても、集中力を発揮すべき項目は、信頼の回復、元の状態、正常な状態に戻すという最重要課題に絞ることが重要です。

「再発防止」においては、「誰が」ではなく「何が」という視点に立って、その要因を分析して、再発防止策を策定することに、集中することが最も大切なことです。

私たち日本人が、欧米人に比べてリスクマネジメント、危機管理が甘い、不得意だと言われる要因のひとつに、事故やトラブルが発生すると、「誰が悪かったか」ということに関心が向いてしまう社会風土があります。

犯罪なら、「誰が悪かったか」という議論、分析は重要な課題です。しかし、事故やトラブルの処理における再発防止は、その要因や背景は「何か」という視点から分析して再発の防止対策を立てないと、根本的な対策とならず、どこかでまた、同じような事故やトラブルが発生してしまいます。

事後処理において、「誰が悪かったか」という社会風土、誰かに責任を負わせて「一件落着」ということで終わってしまうのではなく、その要因やバックグラウンドは「何か」ということに集中力を発揮することが、安全で安心できる社会の構築にとって重要なことになります。

◉集中力とリーダーシップ

組織のリーダーは、その時、その場の状況に応じて、集中力を発揮することが求められます。

リーダーが集中力を発揮する際のキーワードとして、Control（コントロール）、Crew Resource Management（クルーリソースマネジメント）、Communication（コミュニケーション）の、3Cがポイントとなります。

Control（コントロール）は、まず自分自身をコントロールする集中力です。車の運転も、飛行機の操縦も、自分をコントロールできて、はじめて安全で効率的な運転、操縦ができます。

同様に、組織運営でも、まず自分をコントロールしたうえで、組織の目的に向かって部下やメンバーの力を結集します。

リーダーというのは、さまざまな権限をもっており、自分をコントロールできていなくても、一時的、あるいは表面的には部下やメンバーをコントロールできます。

しかし、リーダーの言うことと、やることが違うと、組織のモラルも低下して、目的に向かって組織のリソースを集中させることは困難になります。

昔から、「上司が部下を知るには3年かかるが、部下は3日で上司を見抜く」と言われます。パイロットの世界でも、機長がどんなに口では立派なことを言ったとしても、行動が伴わなければ、それを見ている副操縦士は育ちません。

人は、地位が上がれば上がるほど、自分をコントロールすることに、集中力が求められます。上司、リーダーが自分をコントロールして、人間的に成長する姿こそが、いちばんの教育効果になります。

Crew Resource Management（クルーリソースマネジメント）は、チームのリソースを、目的に向かって集中させるマネジメントです。

リーダーとして自分をコントロールできたら、次に、目標、目的に向かって、チームのリソースをマネージする力が必要となります。

このマネジメント力も、いくつかのスキルによって構成されています。そして、テクニカルスキルと同様に、訓練、努力、工夫によっていくらでも伸ばすことができます。

クルーリソースマネジメントのスキルには、まず効果的なチームづくりがあげられます。それぞれが、自分の業務を主体的に遂行するためにも、疑問に思っていることは、何でも口に出して言える雰囲気づくりが必要です。その際、誰が正しいかではなく、何が正しいかという視点で取り組みます。

ふたつめは、ワークロード・マネジメントです。昔から「段取り8分に仕事2分」と言われるように、十分な事前準備をしましょう。そして、仕事の優先順位を決めてとりかかり、一人だけに負担がかからないような業務分担をします。

コミュニケーションも、クルーリソースマネジメントの重要なスキルです。コミュニケーションの基本は「Face to Face」。相手の立場、タイミングを考えて、また、確認会話を大切にしましょう。

また、リーダーは、常に問題意識をもって現状を把握することが大切です。そのためにも「鳥の眼」「虫の眼」「魚の眼」「心眼」で見る習慣を身につけましょう。そして、状況認識や情報はみんなで共有できるようにします。

問題のない現場はありません。必ず、問題や改善点はあるはずです。リーダーは、まず、そういう認識に立たなくてはいけません。そして、みんなで意見を出し合い、ここでも「誰が」ではなく「何が」の視点から、問題の解決を図っていきましょう。

Communication（コミュニケーション）は、リソースマネジメントのなかでも、最も大切なスキルです。組織にとっては、人体組織の血液の流れに相当します。

どの産業界でも、トラブルの要因のほとんどに、コミュニケーションの不具合が関与している、と言っても過言ではありません。

確実なコミュニケーションを実施するためには、次の5Cを心がけましょう。

①Clear（明確）
②Correct（正確）
③Complete（完結）
④Concise（簡潔）

⑤Confirm（確認）

いつも、この5つを意識しながらコミュニケーションを実施することは、なかなか容易なことではありませんが、①～④は多少曖昧であっても、⑤の確認に集中力を発揮して、しつこいと言われるくらい確認を徹底すれば、コミュニケーションの不具合によるトラブルを防ぐことができます。

受け手だけでなく、送り手側でも、相手が正確に理解したかどうか疑問を感じた場合は、たとえうるさがられても、確認することが大切です。

コミュニケーションもスキルである以上、心がけ、教育、訓練、努力、職場の雰囲気などにより、いくらでも向上することができます。コミュニケーションは、社会性とも直接関わっており、ＥＱ（心の豊かさ）の指数そのものでもあります。

職場でも家庭でも、コミュニケーションを円滑にし、スキルアップする、いちばん簡単で、かつ最重要なものは、挨拶と「ありがとう」のふたつです。

コミュニケーションのスキルアップをしようとするなら、難しいことは考えなくて結構ですから、自分の口から、挨拶と「ありがとう」が素直に出るように集中力を発揮しましょう。そうしているうちに、必ず円滑なコミュニケーションができるようになります。

◉集中力と決断力

決断は、ある意味では一瞬の集中力とも言えます。決断を迫られるときは、あれこれ考えたり、迷っている時間的な余裕はほとんどありません。

判断には、判断基準というものがあります。その基準に照らし合わせて、合理的な判断をすることができます。あるいは、人の意見を聞いて判断材料にすることもできます。

しかし、決断に際しては、決断基準というものはありません。決断はその人の哲学、価値観、人生観、経験、覚悟などの総合和であり、その人そのものです。

決断力は直観力とも関係があります。決断するには、常日頃から五感を磨いておくこと、そして、一旦決断したら、後ろを振り向かないで、決断したこと以外はすべて捨てて、そのことに集中することが大切です。

決断とは捨てること、決断力とは、捨てる勇気でもあります。理屈では決断できません。覚悟で決断するのです。

「捨てる」覚悟という意味でも、決断力は集中力と似ています。決断力のある人は、集中力もあると言えます。逆も真なり。集中力のない人は決断力もありません。

危機に際して、万一迷ったらどうするか。その場合は、人に嫌われる決断をしたほうが、最悪の事態を防ぎ、生き残れる確率が高くなります。

日常の業務をそつなくこなせても、決断ができるとは限りません。しかし、決断ができる人は日常業務もできます。決断できる人というのは、集中力もありますから、当然、日常業務の成果も良好です。

そして、今ある自分は、今まで自分が決断してきた結果でもあるのです。

「集中力」が私の人生を変えた

集中力は、明確な目的意識をもち、目的に向かって、自分をコントロールすることです。集中力を阻害するものや、集中力を散漫にさせる誘惑要因を、思い切って捨てる、という当たり前のことを実行するだけで良いのです。

本書を読んで、集中力は、生まれながらの才能でも、特別な能力でもなく、ごく当たり前のことをやればいいのだ、自分もやってみよう、という気持ちになっていただけたとしたら、筆者として幸甚に思います。

この本を書きあげると同時に、パイロットとしての翼を降ろすことになりました。パイロット訓練生として日本航空に入社して以来、42年間、病気で休むことも、自己都合でスケジュールを変更したことも、一度もありませんでした。振り返ってみれば、自分でもこれは、スゴイことだと思います。

60歳の定年後も、嘱託として、そのままフライトを続けることができたのも、さらに、63歳を超えても機長としてフライトを続けることができたのも、日本の大手航空会社では、私が初めてのケースです。これは、もちろん会社や多くの方々のお陰によるもので、感謝せずにはいられません。

このふたつの記録の達成を、内面的に支えてきたのは、中年以降になって芽生えた、明確な目的意識と集中力です。これが大きな推進力となりました。

曖昧な動機で入社し、副操縦士の初期の段階の頃までは、出来の良くないパイロットであった私が、いつの間にか、パイロットという職業が好きで好きでたまらなくなり、飛べるということだけで本当に幸せでした。これこそ、自分の天職だと感じるようになりました。生まれ変わったとしても、また、パイロットになりたいと思っています。

しかし、たとえ別の職業に就いていたとしても、やはり、その職業が天職だと感じていたであろう、とも思っています。

このような考え方に変化したのは、自分のいい加減さや不甲斐なさに気付き、人の何倍も集中して、学習を続けてきたことによるものだと確信しています。

特に、50歳前後からは、明確な目的意識をもって、視力、聴力、イメージ力の訓練を始め、健康管理、危機管理などに、集中力を発揮してきました。

集中力も、気力も、自分の20代や30代の頃に比べて、60歳代の今の自分のほうが確実に充実していると言えます。集中力も年齢とは関係ないのだ、とはっきりと言えます。

集中力を発揮することは、それほど難しいことでもありません。当たり前のことを、徹底的に実行するだけです。

この本のなかでは、「なんだ、そんなことは知っている」という当たり前のことしか述べていません。当たり前のことを、どれだけ、自分をコントロールしながら、コツコツと続けられるかどうか、それだけです。

ご自分で納得ができたら、是非、実行してください。あなたの集中力は、確実に向上することでしょう。

末筆になりましたが、この本は、阪急コミュニケーションズ書籍編集部の土居悦子さんの熱心な励ましなしには、陽の目を見ることはありませんでした。この場をお借りして深く感謝申し上げます。

2010年3月

小林宏之

小林宏之（こばやし・ひろゆき）

1946年、愛知県新城生まれ。

68年、東京商船大学航海科を中退し、日本航空入社。81年、機長昇格。飛行技術室長、運航安全推進部長、運航本部副本部長などを歴任。2006年10月に定年退職するが、翌11月より広報部付機長となる。乗務した機種はB727、DC8、B747、DC10、B747-400。乗務した路線は、日本航空が運航したすべての国際路線および主な国内線（すべての国際路線を飛んだ、最初で最後の機長）。総飛行時間1万8500時間（地球800周に相当）。首相特別便および湾岸危機時の邦人東南アジア人救出機の機長も務める。2010年3月、引退。

機長時代より大学、医療機関、原子力関係機関、その他の企業・団体などで「危機管理」「リスクマネジメント」「ヒューマンエラー対策」等の講演多数。今後は危機管理・リスクマネジメントの専門家、航空評論家として活動する。


【機長時代のエピソード】


1970年◉日本赤軍によるハイジャック後、北朝鮮から戻ったばかりの「よど号」に乗務。

1975年◉ベトナム戦争におけるサイゴン（現ホーチミン）陥落時に、サイゴン上空を飛行。

1976年◉レバノン内戦時に、邦人脱出のための最後のベイルート線に乗務。

1978年◉成田空港開港初日、最初に着陸したボーイング747型機に乗務。

1990年◉湾岸危機時に、邦人と東南アジア人救出のためのフライトを担当。

1991年◉ベトナム戦争終結後、初チャーター便のフライト調査と、実際の運航を担当。

1991年◉ソ連崩壊直前に共産革命後、外国機としては初めてウラジオストックへチャーター飛行。

2000年◉ホノルル―成田線の乗務時、太平洋上で世界で最初に2000年を迎える。

2001年◉ホノルル―成田線の乗務時、太平洋上で世界で最初に21世紀を迎える。

2006年◉日本航空が運航したすべての国際路線への乗務を達成（最初で最後）。

機《き》長《ちょう》の「集中術《しゅうちゅうじゅつ》」

2010年4月12日　初版発行

著　者……………小林宏之

発行者……………五百井健至

発行所……………株式会社阪急コミュニケーションズ

〒153-8541　東京都目黒区目黒1丁目24番12号

［電話］販売：03-5436-5721

編集：03-5436-5735

［振替］00110-4-131334

印刷・製本………大日本印刷株式会社

ISBN978-4-484-10210-8